Wolfgang Johannes Bekh

# Von Advent bis Lichtmeß

Wolfgang Johannes Bekh

# Von Advent bis Lichtmeß

Geschichten, Gedichte und Gedanken
zur Winters- und Weihnachtszeit

Mit Zeichnungen
von Hans Prähofer

Verlagsanstalt »Bayerland« Dachau

Verlag und Gesamtherstellung:
Druckerei und Verlagsanstalt »Bayerland« Anton Steigenberger,
8060 Dachau, Konrad-Adenauer-Straße 19

Einbandgestaltung von Hans Prähofer.

Printed in Germany · ISBN 3-89251-079-2

# Inhalt

# Zu diesem Buch

Als ich vor mehreren Jahren im Isartorstüberl zu München, hoch oben unter dem Dach, ein paar vertraute Musikanten auf der Bank neben mir, Geschichten von der stillen Zeit erzählte –, tat ich es im Hinblick auf die bis ins dritte Jahrhundert zurückreichende Kirchengeschichte dieses Landes, die damals noch römisch war. Und wirklich, wenn ich mich aus den Luken umsah, hatte ich die Türme von Sankt Peter, Heilig Geist und Unserer Lieben Frau im Blick. Was ich erzählte, wurde mir dann unwillkürlich, wie eine »allmähliche Verfertigung der Gedanken beim Reden«, zu Adventgeschichten, zu Geschichten vom Brauch, zu Geschichten vom Heil. Wie traurig stimmte es mich, von einem als Urbayern, also kirchentreu eingeschätzten Zuhörer wenige Tage später vorgeworfen zu bekommen, unter Adventgeschichten oder Weihnachtsgeschichten habe er sich etwas anderes vorgestellt als dergleichen Kirchenkram; seine Erwartung sei auf »urige« Unterhaltung zu Punsch und Hüttenzauber gerichtet gewesen. Er wolle Geschichten hören, versteifte er sich, die man in einer Schihütte hören könne, zu der man die Spur auf gewachsten Brettln durch den »gführigen Schnee« ziehe. Im Kanonenofen bullere es, der Glühwein dampfe, die Weiberleut kicherten: da seien lustige Geschichten gefragt, keineswegs dergleichen fades oder forderndes Zeug wie vom Englischen Gruß und von der Herbergsuche.

Soviel zur Vorgeschichte dieses Buches. Mit anderen Worten: Am Widerspruch wurde mir deutlich, daß ein Weihnachten der Ferne – gleichviel, ob in der hochalpinen Schihütte oder auf Mallorca – so wenig Weihnachten sein kann wie ein Weihnachten der sich vor Geschenken biegenden Tische, daß im Weihnachtsgeschehen ein hohes und heiliges Geheimnis verborgen liegt, nämlich die Ankunft unseres Herrn und Heilands Jesus Christus, die Verkündigung und Geburt des fleischgewordenen Gottes. Dieses Buch spricht auf jeder Seite und in jeder Zeile von der Trostlosigkeit eines Weihnachtsfestes ohne Glauben. Ein beileibe nicht schuldhaftes, gleichwohl bedauernswertes Weihnachten ohne Gott kommt mir vor wie ein (Mode werdendes) »Weinfest« ohne Weinberg, wie ein Erntedank ohne Ernte, wie Freizeit statt Feierzeit. Mit anderen, dürren Worten: Ein Weihnachtsfest ohne Christus ist für mich nichts anderes als die Werbeaktion von Kaufleuten und Reisebüros: Zeitvertreib. Totschlagen der Zeit.

Über der Tür zu meinem Arbeitszimmer hängt ein Ölbild, auf dem das kleine Christuskind in rührender Kindlichkeit gezeigt ist. Aber es liegt nicht in der Krippe: es ist auf die harten Balken des Kreuzes gebettet, weist mit kindlicher Geste auf Dornenkrone und Nägel. Was will mir mein Bild sagen? Dieses vielleicht: Ohne Antwort auf die uralte Menschheitsfrage nach dem Woher, Wohin und Wozu des Lebens, ohne Ohren, aber auch, um diese Antwort zu hören, ohne Bereitschaft für diesen Anruf, werden wir zur Spreu geworfen. Antwort und Ohr zugleich ist mir dieses Bild. Es beweist mir, daß nicht alles zu Ende ist mit dem Tod und daß hinter dieser Pforte ein Richter auf die Weggabelung zu Himmel und Hölle weist. Christus hat uns bewahren wollen vor der Täuschung des leeren Himmels und vor dem Irrweg in die Verdammnis, die nicht immer nur ein schöngeistiges Gleichnis bleibt, sondern »dies irae« und Wirklichkeit werden kann. Dies ist das offene Geheimnis um die Herausforderung, die in seinem Leben liegt und in seinem Opfertod. Wie auf dem Ölbild über der Tür zu meinem Arbeitszimmer warten hinter Gottes Ankunft in Kindsgestalt – Kreuz und Kreuzestod.
Weihnachten ist das Fest des Kindes und das Fest der Kinder. Im Alter wird es zum Fest der Erinnerung. Daher seien hier in den Gang der liturgischen Abfolge des weihnachtlichen Festkreises von den Tagen der Verkündigung und des Advents bis zu Mariä Lichtmeß am 2. Februar immer wieder Erinnerungen des Erzählers eingefügt. Sind sie auch persönlich und auf einen Fleck Hei-

mat begrenzt, lassen sie doch vielleicht eines erkennen: die Auf-
richtigkeit seiner Suche nach den Tiefen und Schönheiten des
Geheimnisses um Christi Geburt.

# Der Englische Gruß

Gegrüsset seyst du Maria zart /
Kirieleyson.
Geboren von Königklicher art /
Maria rain /
Bitt Gott für uns auff Erden /
Auff das wir seine liebe Kinder werden.

Dann du bist aller Gnaden vol /
Kirieleyson.
Hayliger Dreyfaltigkait gefielest wol /
Maria rain /
Bitt Gott für uns auff Erden /
Auff das wir seine liebe Kinder werden.

Gott der Herr / der ist mit mir /
Kirieleyson.
Sein Gnad komm uns / das bitten wir /
Maria rain /
Bitt Gott für uns auff Erden /
Auff das wir seine liebe Kinder werden.

Gesegnet bist du hayligs Weyb /
Kirieleyson.
Christum trügest du in deinem Leib /
Maria rain /
Bitt Gott für uns auff Erden /
Auff das wir seine liebe Kinder werden.

Gebenedeyt ist die fruchte dein /
Kirieleyson.
Die behüt uns vor der Höllischen pein /
Maria rain /
Bitt Gott für uns auff Erden /
Auff das wir seine liebe Kinder werden.

Jesus Christus Amen /
Kirieleyson.
Bewar uns Gott allesamen /
Maria rain /
Bitt Gott für uns auff Erden /
Auff das wir seine liebe Kinder werden.

Deutscher Liedtext des »Ave Maria« aus: »Schöne Christenliche Catholisch Weinnächt oder Kindtleß wiegen Gesang«, herausgegeben von Johann Haymeran von Themar, Augsburg 1590.

# Mariä Verkündigung

Ecce concipies in utero,
et paries filium,
et vocabis nomen ejus
Iesum
Lukas, 1,31

Da, wo das menschliche Elend seine höchste Stufe erreicht zu haben schien, kam auch die Zeit der Gnadenfülle, und das Morgenrot einer bessern Zeit brach im goldnen Schimmer an. Ein Engel des Himmels erscheint und verkündet einer frommen und auserwählten Jungfrau in Nazareth, Namens Maria, die frohe Botschaft, daß sie zur Mutter des verheissenen Welterlösers ausersehen sei. Mit himmlischer Freundlichkeit sprach der Bote des Himmels zu ihr: »Sei gegrüßt, du Gnadenvolle! der Herr ist mit dir! Du bist die Hochgesegnete deines Geschlechtes! Du wirst die Mutter eines Sohnes werden, dem du den Namen Jesus geben sollst. Er wird groß, ja der Sohn des Allerhöchsten sein. Gott, der Herr, wird ihm den Thron seines Vaters David geben. Herrschen wird er ewig über das Haus Jakobs, und seines Reiches wird kein Ende sein.«

Aus der Andacht zum Advent in: Der heilige Opferaltar, ein Gebet- und Erbauungsbuch von M. C. Münch, Augsburg 1844.

# Maria ging hinaus

Ein Heimsuchungslied

Ma - ri - a ging hin - aus nach Za - cha - ri - ae Haus. Sie
ging in al - ler Eil' berg - auf, berg - ab viel' Meil'
gen He - bron in die Stadt, da sie ihr Ba - sen hat.

1. Maria ging hinaus nach Zachariae Haus.
   Sie ging in aller Eil' bergauf, bergab viel' Meil'
   gen Hebron in die Stadt, da sie ihr Basen hat.

2. Sie ging alleine nicht, sie hat Gesellschaft mit,
   denn sie trug Gottes Sohn in ihres Busens Thron.
   Dazu ein' englisch' Schar unsichtbar bei ihr war.

3. Als sie zum Haus ausging, sie das Gebet anfing.
   Zu Gott all' Uhr und Stund' hob sie ihr Herz und Mund
   Von Gott sie viel betracht', also die Reis' vollbracht.

4. Da nun die Jungfrau tät' erseh'n Elisabeth,
   sie sich mit Demut neigt, der Alten Ehr' erzeigt
   und grüßt ihr' Basen sehr mit Reverenz und Ehr'.

5. Elisabeth behend die Mutter Gottes kennt,
   empfing die Jungfrau zart und gleich gesegnet ward.
   Ihr Kind ward gnadenvoll, im Haus ward allen wohl.

6. O Haus, o Himmelreich, dem wahren Himmel gleich.
   Du Haus der Himmel bist, darin Gott selber ist
   und alle Heiligkeit, was heilig weit und breit.

7. Ach komm', o Jungfrau rein, bring' in mein Herz hinein
   auch mir das höchste Gut, Gott Sohn im Fleisch und Blut
   uns segne Seel und Leib und bei uns ewig bleib.

Obermetzenseifener Liederbuch, 1750

# Das Hauchloch

In Giesing, einem vorstädtischen, zum Teil sogar dörflichen
Viertel Münchens, wo der Bürger seinen Hausschlüssel noch in
die Dachrinne legen kann, stand vorigen Winter zur Nachtzeit
ein kleines Mädchen am Fenster. Das Fenster, hinter dem das
Kind stand, gehörte zu keinem der niedrigen, ebenerdigen hei-
meligen Häuser, es öffnete sich im vierten Stock eines durch-
schnittlichen Nachkriegs-Neubaus auf eine verkehrsreiche, laute
Straße. Auch im Winter, wenn sich über den Dächern hohe
Schneehauben türmten, ließ dieser Verkehr nicht nach. Besonders an den langen, immer frühzeitiger in undurchdringliches
Dunkel getauchten Abenden rollten die breiten Automobile und
qualmenden Lastkraftwägen, rollten eigentlich nicht, sondern
pflügten sich durch den vom Streusalz in schwarzen Morast ver-
wandelten Schnee. So dicht folgten sie einander, daß aus ihren
glühenden Schlußlichtern lange rote Striche wurden, die vorn an
der Verkehrsampel, wo sich der Strom der Fahrzeuge staute, zu
einem riesigen roten See zusammenflossen. Der schwärzliche
Brei auf den Straßen, die Dreckfontänen, die den Fußgängern
unter die Mäntel und Röcke spritzten, hätten die bittere Kälte,
die an diesem Abend herrschte, nicht vermuten lassen.
Das Mädchen hinter seinem Fenster sah nichts vom Verkehr, von
den Dreckfontänen und von den vielen roten Schlußlichtern,
denn die Scheibe war zugefroren. Der vorgestrige erste Advent
hatte das Land von den Bergen her, wo der Winter schon eher
eingekehrt war, unter Schnee buchstäblich versinken lassen.
Zwei Tage lang war der Schnee gefallen, in dicken, dichten Flok-
ken. Jetzt war der Himmel aufgeklart. Alle Sterne der Milch-
straße glitzerten – hinter den vielen blendenden Straßenlaternen
verblaßten sie freilich –, es klirrte die Kälte. »So extrem«, sagten
die Leute, »war der Winter früher nicht. Vor ein paar Tagen
schönstes Herbstwetter – jetzt so viel Schnee und so tiefe Kälte-
grade wie früher höchstens im Jänner, wenn der Winter erst rich-

tig zupackt! Es ist eben alles extrem in dieser modernen Zeit, warum nicht auch das Wetter? Und warum soll der Schnee liegen bleiben wie früher?« Manche Leute schlossen sogar Wetten ab, daß es in vierzehn Tagen mit aller Winterpracht vorbei sein würde, daß in zwei Wochen ein lauer Lenzwind wehe. Letztes Jahr und vorletztes, da waren die auf öffentlichen Plätzen hinter Zäunen zum Verkauf angebotenen Christbäume im sonnig warmen Frühlingswetter gestanden und hatten deshalb schon wenige Tage später alle Nadeln verloren. So würde es auch heuer wieder kommen, mochte es jetzt noch so viel Schnee herhauen, und mochte es noch so bitterkalt sein.

Das Mädchen, das im vierten Stock eines Giesinger Miethauses durch die zugefrorene Fensterscheibe schaute oder vielmehr schauen wollte, war noch klein, keine sechs Jahre alt. Es hatte lange, volle blonde Zöpfe und hieß Agathe. »Agerl« wurde es von seiner Mutter gerufen, früher auch vom Vater. Doch den gab es nicht mehr, wenigstens nicht mehr in der kleinen Wohnung, wo das Agerl wohnte. Er hatte seine Frau im Spätherbst verlassen.

Am Vater war das Kind besonders gehangen, mehr noch als an der Mutter. Er war ein kräftiger, stattlicher Mann gewesen, der schöne Geschichten erzählen konnte und am Abend, wenn er von der Arbeit heimkam, oft eine Kleinigkeit mitbrachte, ein winziges Pupperl aus flauschigem Stoff oder ein Tüterl mit Gummibärle. In den Winter hinein wurden seine Mitbringsel adventlicher, weihnachtlicher, da war es einmal ein Lebkuchen-Nikolaus mit aufgeklebtem Bildnis des Bischofs von Myra, einmal ein Flügel-Engel aus Wachs, einmal ein schaumgebackener Stern. (Solche schaumigen Sterne buk nun die Mutter Blech um Blech, als wollte sie dem Vater nacheifern, dazu aus Holzmodeln geprägte Marzipan-Plätzerl und sogenannte »Linzer Kolatschen« mit einem Tupfen Himbeermarmelade in der Mulde.) Vor allem aber brachte der Vater Jahr für Jahr einen Adventkalender mit, an dem jeden Tag ein Guckfenster aufzuschlagen war. Es gab insgesamt vierundzwanzig Guckfenster, hinter denen sich die Herrlichkeiten Tag für Tag steigerten bis hin zum Weihnachtsfest. Fensterladen für Fensterladen schlug das kleine Agerl auf und jubelte jeden Tag ein wenig kräftiger, wenn das geoffenbarte Geheimnis wieder eine Spur prächtiger war als am Vortag. Vielleicht war der Jubel auch deshalb so überschwenglich gewesen, weil die erwartete Schönheit vorher so lang Geheimnis geblieben war. Und in den Tagen, bevor das größte Geheimnis, die Krippe nämlich, auch in der elterlichen Wohnung geoffenbart werden sollte, hörte Agathe den Vater durch die Kammertür hämmern und sägen, daß es für ihre kindlichen Ohren eine Lust war.

Ja, und schließlich war der Vater eines Abends nicht nach Hause gekommen. Zuerst vertröstete die Mutter ihr Kind: Er komme morgen. Aber auch am andern Tag blieb der Vater aus. Die Mutter glaubte selber, daß der Vater wiederkommen müsse. Zwar hatte es in ihrer jungen Ehe in letzter Zeit immer häufiger gekriselt, hatte sie das Gefühl gehabt, ihr Ehegatte finde sie nicht mehr so hübsch wie in den Flitterwochen, vergleiche sie insgeheim mit einer Nebenbuhlerin, und dieser Vergleich falle zu ihren Ungunsten aus, aber daß er nicht mehr kommen würde, das war ihr eine ganz und gar unwirkliche Vorstellung. Dennoch wurde das Unwirkliche Wirklichkeit. Wenn das Kind nur nicht alle Tage gefragt hätte: »Wann kommt denn der Papa wieder?«, vielleicht wäre die Mutter über den Trennungsschmerz besser hinweggekommen. Doch der brach immer wieder auf, wenn das Kind (alltäglich und oft mehrmals am Tag) fragte: »Wann kommt denn der Papa wieder?« Wie ihr diese Frage durch Herz und Seele schnitt! Am Ende sah man die junge Frau nur noch weinen, meistens verhalten und unterdrückt, manchmal bitter aufschluchzend; sie wurde immer blasser und durchsichtiger.

Und schließlich war das kleine Agerl erkrankt. Erst hatte sich über Hals und Brust ein roter Ausschlag breitgemacht, hatte sie Kopfweh bekommen und hatte sich erbrechen müssen. Das Fieber war immer höher geklettert. Nur noch die Nasenspitze schaute über die Bettdecke hinaus. Tagelang ging das so. Als endlich das Fieber wieder sank, stellte sich – der Herr Doktor machte ein ernstes Gesicht – eine noch viel schlimmere Krankheit ein; sie bekam heftige Schluckbeschwerden, es war ihr, als schwelle der Hals gänzlich zu; sie fürchtete, sie müsse ersticken. Hätte jemand gemeint, in dieser lebensbedrohlichen Krankheit äußere sich der Schmerz des Kindes über den Verlust seines Vaters, hätte man ihn vermutlich belächelt, aber doch sollte sich später herausstellen, daß es die Wahrheit war. Mindestens der Arzt hätte wissen müssen, daß es außer dem Bazillus noch anderer Ursachen für eine Erkrankung bedarf. Aber selbst wenn er es gewußt hätte: Den Vater konnte er als Heilmittel nicht einsetzen. So mußte er »konventionelle« Arzneien gebrauchen, Tabletten und Säfte, die allerdings wenig halfen. Er spritzte dem Kind ein Serum unter die Haut, ließ es gurgeln, pinselte ihm den Hals aus. Das Agerl war tapfer. Obgleich es unsäglich litt, ließ das Kind sich nichts ankennen oder war nur nicht mehr fähig, sich aufzulehnen. Das hohe Fieber raubte ihm die Besinnung.

Obwohl der Arzt strenge »Isolierung« des Kindes anordnete, wollte die Mutter in der Nacht der Krise – der Arzt nannte diese Nacht so – der kleinen Agathe nahe sein. Wenn sie auch selbst am Ende ihrer Kräfte war, glaubte sie, ihrem Kind in seiner Not helfen zu können. Sie rückte das Kinderbett nah an die Fenstermauer, damit ihre eigene Bettstatt im Kinderzimmer Platz habe.

Das Kind aber kam bei längst hereingebrochener Nacht wieder zu sich, war hellwach, während die Mutter vor Erschöpfung eingeschlummert war und in tiefen Zügen atmete. Agathe setzte sich auf und hatte ihr Gesicht ganz dicht am Fenster. Es zog nicht herein, weil die Mutter vorsorglich ein zur Wurst gewundenes dickes Handtuch zwischen Fensterbrett und Fenster geschoben hatte. Eher machte Agathe selber einen Luftzug, einen lauen, einen vom Fieber erhitzten. Das zeigte sich, weil an einer Stelle im vereisten Fenster ein kreisrundes Loch herausgetaut wurde. Im dahinter ins Unbestimmte verschwimmenden Lichtschimmer der Straßenlaternen sah sie Eisblumen blühen, aber inmitten hatte ihr Hauch ein kleines Loch aus dem Geflecht getaut, besser wäre zu sagen: aufgestoßen, denn dieses Loch kam ihr so vor wie eines jener Fenster im Adventkalender glücklichen Angedenkens. Und wirklich sah sie durch das gleichsam geöffnete Fenster des Hauchlochs beileibe keine Automobile und schon gar keine Schlußlichter oder Straßenlaternen, sondern einen wunderschönen Engel, der von Gold nur so glitzerte und eben seinen Arm hob, als wolle er »Maria, voll der Gnade« begrüßen. Doch kaum hatte das kleine, blondzopfige Agerl die Augen richtig aufgerissen, kaum war ihren Lippen ein »Ah!« entflohen, schloß das winzige Guckfenster sich wieder, schoß das Eis wieder zu einer undurchdringlichen Fläche zusammen. Schnell blies das Kind ein zweites Mal, und nun sah es in der Öffnung weit hinten in der Ferne Sankt Nikolaus stehen, den Gabenbringer, wie sie ihn von seinen Besuchen in der kleinen Stube kannte. Der Vater hatte den Heiligen damals hereingeleitet und ihm begreiflich gemacht, wie brav die kleine Agathe sei, sodaß er den bösen Kramperl, der ihm auf dem Fuß folgte, ruhig draußen lassen könne. Richtig spitzte hinter dem kostbaren Brokat-Ornat, gerade zwischen Kasel und Mitra (der hohen Bischofshaube), das zottige Hörnergesicht des bösen Krampus hervor! Doch verblaßte alles Dunkle und Böse hinter den Strahlen der Heiligkeit und Güte des Bischofs. Da zog sich das Fenster wieder zusammen und erblindete. Wieder blies Agathe, da erschien im aufgetauten Guckloch Johannes der Täufer. Er hatte ein Schaffell umgehängt, hielt ein hohes Kreuz in der Hand und wies auf ein Lamm zu seinen Füßen. Herzallerliebst sah das Bätzerl aus. Da erlosch das schöne Bild schon wieder. Als das Hauchloch zum nächsten Mal aufging, rückten auch die Hirten, die zu dem Lamm gehörten, ins Bild. Sie saßen auf der Weide und hatten viele Lämmer um sich herum; den Pferch bewachte ein Schäferhund. Am Himmel stand ein heller Stern, der einen langen, immer mehr in die Breite wachsenden grellen Schweif hinter sich herzog. Als nächste Bilder erschienen Maria, die Gottesmutter, und hinter der Sitzenden stehend Sankt Joseph. Weiter im Hintergrund malmte der Ochs und scharrte der Esel. Ach, es war ja das herrliche Bild, war das Schlußbild ihres Adventkalenders, das vierundzwanzigste! Sie blies das Hauchloch immer wieder herbei; es wollte das wunderbare Bild gar nicht mehr schwinden. Auf einmal tauchten auch schon die heiligen drei Könige auf,

luden ihre Lastkamele ab und breiteten ihre Gaben im Stall aus, wo schon die Gaben der Hirten lagen. Da purzelten die Geschenke übereinander, daß es eine Freude war, zuzuschauen: all das Weihnachtsgebäck, runde Lebkuchen mit Mandeln und Nussen, merkwürdigerweise auch Krippenfiguren, bunte, gemalte Krippenfiguren, aus Papier geschnittene Krippenfiguren. Die Farben auf den papierenen Königsmänteln leuchteten gar noch frischer als die Mäntel der echten Könige. Alles wurde überstrahlt von der Krippe, von der kleinen Krippe, der winzigen Futterkrippe, aus der sonst Ochs und Esel ihre Halme rauften, in der aber nun das Christuskind lag. Das heißt, Agathe sah das Kind vorderhand gar nicht, nur am Schein erkannte sie, was da in der Krippe liegen mußte, am Schein, der das Gesicht der darüber gebeugten Jungfrau Maria erhellte. Aber in diesem Augenblick – wie jammerschade – schoß das Hauchloch wieder zusammen, auf der Scheibe verschränkten sich die Eisblumen zu einem undurchdringlichen Geflecht. Schnell hauchte das Mädchen, das schon von Kräften kam und hintenüber zu sinken drohte, wieder eine Öffnung aus dem Eis. Aber – hatte sie nicht mehr kräftig genug gehaucht? – es blieb etwas vom Eis in dem nun geöffneten Bild hängen, ein Schlitten stand mit glänzenden Kufen im Schnee. Das Christuskind richtete sich aus der Futterkrippe auf, ungefähr so wie Agathe in ihrem Bettlein aufgerichtet war. Der Jesusknabe lächelte unbeschreiblich mild und strahlte das kleine Mädchen an, das am Fenster stand, – später kniete, und schließlich kauerte, winkte die Kleine zu sich heran; mit Wonne wurde Agerl es gewahr. Da näherte sich Agathe dem Christuskind, sie war überrascht, wie leicht das ging, trat in das Bild hinein, bestieg den Schlitten, den augenblicklich zwei kleine Engel am Strick faßten und mit ihm, flügelschlagend, in die Lüfte entschwebten.

Es war noch mitten bei der Nacht, als die Mutter aus ihrem totenähnlichen Schlaf aufschreckte. Sie stürzte an die Bettstatt ihres Kindes, das zurückgesunken auf der Zudeck lag. Es war tot. Aber die Mutter konnte es nicht glauben. Fassungslos rannte sie ans Telephon und brachte es fertig, daß der Arzt noch mitten in der Nacht in ihre Wohnung kam. Er stand vor dem kleinen Leichnam und konnte nur schwer seine Bewegung verbergen. Er packte seine Instrumente zusammen und flüsterte: »Herzlähmung«. Es war aber ihre Seele, von der er eigentlich sprach. Die Seele nennt man ja »Herz« – wenn es gebrochen ist.

# Advent – eine heilige Zeit

Nur noch Erinnerung?

Mit dem Transparent »Nichts ist heilig«, das niederländische Katholiken dem auf Pastoral- (besser wäre zu sagen: Missions-) besuch nach Amsterdam gekommenen Papst entgegenstreckten, wurde Abschied von der katholischen und von der christlichen Kirche überhaupt genommen. Das Wesen jeder Kirche ist Heiligkeit und Heiligung.

Das Wort »heilig« dient in unserem Sprachgebrauch zur Wiedergabe des lateinischen »sanctus«. Das Wort »sanctus« gehört zum Verb »sancire«: das ist »begrenzen, umschließen«; es bezeichnete von je die Abgrenzung heiliger Orte, die der Gottheit geweiht und dem Alltäglichen entzogen waren. Das Wort »heilig« führt aus der Sphäre des Alltäglichen zum Außerordentlichen, Unversehrten, Vollkommenen. »Profanum« dagegen bedeutete von alters her – nach der lateinischen Bezeichnung für Tempel – »vor dem heiligen Bezirk liegend, ungeheiligt«. Genau bringt dies der Islam zum Ausdruck, wenn er einen Menschen, der heiligen Boden, also das Innere einer Moschee betritt, verpflichtet, sich vorher der Schuhe, an denen der Staub des ungeheiligten Bodens hängt, zu entledigen. Dem heutigen katholischen Gläubigen ist eine Ehrfurcht, der solche Haltung entspringt, häufig nur noch Erinnerung.

Die aus den tiefsten Mysterien der Menschheitswiege am Mittelmeer gleichsam eine Summe ziehende christliche und römische Kirche kennt heilige Räume, heilige Zeichen und heilige Zeiten. Bis in die jüngste Gegenwart herein hatte der Tempel des Herrn als heilig gegolten, der von Umfassungswänden umschlossene *Raum* des liturgischen Gottesdienstes, das tabernaculum des Allerheiligsten.

Als heilige *Zeichen* galten von alters her Stufen. Jede Stufe in einem heiligen Raum ist Sinnbild des Aufstiegs und der Verbindung mit dem Himmel. Das Eintauchen ins Wasser bedeutet Auflösung, Tod. Im Auftauchen wiederholt sich der schöpferische Akt der Formwerdung, der Geburt. Die Berührung mit Wasser erneuert, verjüngt, heilt. Weihwasser gebraucht die katholische Kirche besonders bei Segnungen, Weihen und beim Begräbnis. Als heiliges Zeichen kennen wir das Feuer, seit Jahwe sich im brennenden Dornbusch zeigte. Das Ewige Licht ist ein Zeichen für die Anwesenheit des Herrn. Die Kerze, die vor uns steht und brennt, weist über uns hinaus, ist ein Zeichen für das Ganze. Die Osterkerze der Osternacht, wenn sie am neuen Feuer entzündet und wenn ihre Flamme an die Gläubigen weitergegeben wird, ist »Lumen Christi«, erleuchtet die ganze Kirche. In der frühchristlichen 27. Ode Salomos wird die priesterliche Gebetsgebärde als das »ausgestreckte Holz« (des Kreuzes) gedeutet.

Aus heiligen *Zeiten* schließlich setzt sich das Kirchenjahr zusammen. Wie das bürgerliche Jahr von der Sonne und vom Ablauf des Werdens und Vergehens in der Natur bestimmt ist, von Saat und Ernte, Frost und Hitze, Sommer und Winter, Tag und Nacht, so lebt das Kirchenjahr von der geistigen Sonne, von Christus, den bereits das Alte Testament – als Messias – mit unserem gewaltigen Himmelsgestirn verglichen hat. Im Kirchenjahr feiern wir die Zeit der geschichtlichen Erscheinung Jesu Christi, die Zeit, die geheiligt ist durch sein Leben, sein Leiden und seine Auferstehung, feiern wir die heilige Woche als »hohe Zeit« der Erlösung, Ostern! Der pfingstliche Geist ist ausgegossen, das Evangelium richtet sich an alle Völker. Mit Recht heißt es im Volksmund: »Alle heiligen Zeiten«, womit Feste in ihren Abständen gemeint sind, christliche Feste. Man denkt in langen Zeiträumen. Dennoch ragt die Endzeit in die Gegenwart herein. Im Kirchenjahr wird die Messiaserwartung des Volkes Israel bis zur Wiederkunft des Herrn in einen Zyklus gebracht, der sich mit jedem Jahr erneuert: annus est Christus – »das Jahr ist Christus«.

Der Weihnachtsfestkreis, der den Anfang des Kirchenjahres macht, hebt an mit dem Advent. Nach den Hochfesten der

Geburt und der Erscheinung Christi schließt Mariä Lichtmeß die Weihnachtszeit ab. »Von Advent bis Lichtmeß«, wie es über diesem Buche heißt, meint also die zwei Begrenzungen der Weihnachtsfestzeit.

Das lateinische Wort »adventus« bedeutet »Ankunft, Erscheinung«. Es verweist auf die erste Ankunft Christi aus Maria und bezieht die Erwartung seines zweiten Kommens zum Endgericht ein. Der Advent ist eine Zeit der Erlösungssehnsucht und Messiashoffnung, der Besinnung, des Fastens, der Vorbereitung. Der Apostel Paulus begleitet sie mit seiner Mahnung, die Stunde sei da, »um vom Schlaf aufzustehen«. Die Liturgie der Feiern lenkt unseren Blick nicht allein auf das hilflose Kind im Stall von Bethlehem, sondern auch auf den in Herrlichkeit und Majestät thronenden Herrn und König. Gleichwohl haben die zahlreichen volksfrommen Lieder und Krippendarstellungen viel zur Volkstümlichkeit des Weihnachtsfestes beigetragen.

Der Adventzeit gehört eine tiefe Sehnsucht nach der Ankunft des Erlösers zu. Durch den Propheten Isaias wurde der Kirche das »Rorate coeli« (Tauet, Himmel) auf den Weg ihrer irdischen Pilgerschaft gegeben. Siebenhundert Jahre vor der Ankunft Christi hat er die Jungfrau-Mutter, hat er die Geburt ihres Kindes vorausgesagt. Bis in unsere heutige adventlichen Volkslieder hinein wird dieses Sehnen der Väter beschrieben.

Dem Advent ist weiter der Gedanke der Buße eigen, zu der Johannes der Täufer, Christi Vorläufer, eindringlich aufforderte. Der Advent führt uns schließlich zur innigen Geistes- und Seelengemeinschaft mit Maria. Die Jungfrau empfängt Gottes Sohn und bringt durch ihn – so beschreibt es das Lukas-Evangelium – dem Haus der Elisabeth Gnade und Freude. Bei Lukas, dem Arzt, findet Maria die Deutung als »Christus tragende Kirche«. Den Gang auf Weihnachten zu geht uns Maria voraus.

Auch der Gedanke einer adventlichen Vorbereitungszeit, einer Unterteilung der heiligen Zeit in aufeinanderfolgende, sich steigernde Stufen ist uralt. In den Tagen der Kirchenväter Ambrosius, gestorben 397, und Augustinus, gestorben 430, wurde für die Feier der ersten Ankunft Christi aus Maria ein Fest am 25.

Dezember bestimmt. Schon unter dem Eindruck des Konzils von Ephesus, 431, entstand dazu eine Vorbereitungszeit, anfangs von wenigstens einem Sonntag. Endzeitliches Gedankengut wurde der Vorbereitung auf Weihnachten besonders im gallischen Raum des 6. Jahrhunderts hinzugefügt. Nach der vollzogenen Verschmelzung der fränkischen mit der keltischen und lateinischen Kultur hob diese Vorbereitungszeit als Fest des fränkischen Nationalheiligen Martin am 11. November an, umfaßte also sechs Wochen. Die ambrosianische Liturgie von Mailand feiert heute noch sechs Adventsonntage. Die inzwischen in Rom ausgeformte Liturgie kannte unter Papst Gregor dem Großen, 590–604, bereits vier Adventsonntage als festen Bestandteil des Kirchenjahres.

Das meiste davon ist heute, selbst unter Katholiken, nur noch Erinnerung. Modernen Heiden oder bloßen Taufscheinchristen sind solche Worte und Werte »böhmische Dörfer« oder, wie Hamlet meinte, »Hekuba«. Mehr als je zuvor sind ganze Völkerschaften mit so bitterer geistlicher Armut geschlagen, daß die Erwartung des weihnachtlichen Christus von der Mahnung des endzeitlichen verdunkelt erscheint. Aber einer verweltlichten Welt, in der die Fastenzeit als Zeit der Buße und Reinigung zur »Frühjahrskur« profaniert wurde, können vermutlich auch die Posaunen von Jericho kein Loch in die verstopften Ohren stoßen.

# Die Klöpflnächte

Was gab es noch für stille und heimelige Adventwochen, als ich in dem kleinen Bauerndorf Rappoltskirchen, gegenüber der Stephanskirche, mein Refugium bezog! Die Wiesen waren verschneit, Büsche und Hecken überzuckert; stand Mondschein darauf, glänzten und glitzerten Kristalle über Kristalle. Vom Nachbarn beim »Kramer« – so hieß der Hof – kamen die Kinder, der Seppe, der Toni, der Franz, der Micherl und später auch das kleine Linerl in abenteuerlicher Verkleidung, in Rupfensäcken, aus denen Löcher für die Augen geschnitten waren, unter Kapuzen und gefiederten Hüten, trampelnd und stapfend mit Stulpenstiefeln, an unsere Tür, pumperten grobschlächtig und sangen, wenn wir erschrocken auftaten, ihr Lied:

> Klopf o, Klopf o,
> da Bauer is a brava Mo!
> D' Bäurin muaß ma Küache gebm,
> weil i an Bauern globt ho.
> D' Schüssl hört ma klinga,
> d' Kletzn hört ma springa,
> d' Scheitl hört ma kracha,
> d' Küache haan scho bacha!
> Jo, Bäurin, jo!
> Kletzn mog i scho!

Waren wir auch keine Bauern, hinderte mich gleichwohl niemand daran, das laute Lob auf mich zu beziehen. In die bereitgehaltenen Säcke und Beutel taten wir ihnen Kletzen – wie die gedörrten Birnen hießen – und Äpfel, Nüsse und Birnen, auch ein paar Lebkuchen und Guatln dazu.

Aus Nachschlagwerken, die mir in meiner Bibliothek zur Verfügung standen, erfuhr ich, daß dieser sogenannte Heischebrauch ein uraltes Herkommen habe. Im »ABC der Alpenländer« von

Wernher Scheingraber las ich: ». . . klöpfeln ging man seit eh und je an den drei Donnerstagen im Advent, also an den Tagen, an denen die heidnischen Winterunholdinnen Freia, Berchta und Frau Holle durch ursprünglich laute Lärmumzüge verjagt werden sollten. Die Klöpfler gehen auf ihren Bittgängen immer vermummt und maskiert, um, altem Glauben nach, von den Unholden nicht erkannt zu werden.«

Scheingraber bezieht sich offenbar auf das »Wörterbuch der deutschen Volkskunde«, in dem es heißt: »Meist an den letzten drei Donnerstagen des Advent ziehen in Bayern, Schweiz und Österreich Burschen in Masken und mit allerhand Lärmgerät von Haus zu Haus, klopfen an Türen und Fenster, werfen Erbsen oder Bohnen, also Fruchtbarkeitszeichen, treiben Schabernack, sagen Verse auf und halten witzige Wechselgespräche. . . sie werden bewirtet.« Christlicher liest sich's im »Weltbuch« von Sebastian Franck aus dem Jahr 1534: »Drei Dornstag vor Weihnacht klopffen die maydlin und knaben von hauß zu hauß/ durch die statt an den thüren an/ die zukunft der Geburt des Herren verkündigende/ unnd ein glückseliges jar den einwonern wünschende/ darvon entpfahen sy von den haussessigen öpfel/ biren/ nusß/ unnd auch pfennig zulon.«

Ich wußte nun Bescheid und konnte, als die Kramerkinder in die Lehre gingen, auf diese oder jene Weise die Dorfgemeinschaft verließen, schließlich auch heirateten, also für die Pflege des Brauchs ausschieden (und dieser abzukommen drohte), mit meinen eigenen Kindern in die Bresche springen. Was auf dem Dachboden an Haderlumpen zu finden war, taten wir ihnen um, setzten ihnen Hüte mit Federn auf, banden ihnen Masken und Larven aus Papiermaché vor, richteten sie auf jede nur erdenkliche Weise so gräuslich wie möglich her und schickten sie mit geschulterten Säcken hinaus in die adventliche Nacht. Es war jedesmal, streng nach dem Herkommen, eine Donnerstagnacht, eine sogenannte Rauhnacht. Eigentlich müßte sie »Rauchnacht« heißen, weil der »Rauch« vom Volk als »Rau« gesprochen wird. Gemeint ist der Weihrauch. In diesen Nächten wurden ehedem die Häuser und Ställe ausgeräuchert zur christlichen Abwehr der bösen

Geister. Und die vermummten Kinder nannten ihre nächtlichen Gänge »Kletzenklopfen«.

So zogen sie von Haus zu Haus, von Hof zu Hof, auch in die Einöden hinaus, zum Gsaderer und Lodermooser, zu den wohlhäbigen Bauern vor allem, nach Kemoding und Hündlbach. Überall wurden ihnen die Türen, an die sie wild geklopft hatten, freundlich aufgetan wie vordem den Kramerkindern. Überall bekamen sie von den reichlich eingelagerten Äpfeln, Birnen, Kletzen und Nussen eine Gabe in ihre Säcke, dafür daß sie gesungen, die Hausfrau und den Hausherrn gelobt und – vielleicht auch ein klein wenig dafür, daß sie einen alten Brauch gepflegt hatten.

Einzig dem Schuster Kurwi in der Dorfmitte, der sich für christlicher als die andern hielt und überhaupt immer alles besser wußte, lag nichts am Brauch. »Das ist heidnisch!« schrie er der Veronika, der Anna, der Maria und auch dem Buben Martin, der seine Schwestern begleitete, zu. »Das ist heidnisch! Nicht christlich!«

Als ich daheim neuerdings meine Bücherei zu Rate zog und den Brauchtumskalender von Gustav Gugitz aufschlug, mußte ich dem Schuster Kurwi halb und halb recht geben, denn ich las: »An den drei Donnerstagen des Advents ziehen die Klöpfeler mit ihrem Hammer (Fruchtbarkeitssymbol mit phallischer Bedeutung) oder anderen Lärmgegenständen herum, klopfen an die Türen und singen Heischelieder. Sie gehen meist in Masken . . . Es handelt sich ersichtlich um die Erneuerung der Fruchtbarkeit, denn die Bauern bitten die Klöpfler, auf ihren Feldern herumzuspringen, damit sie im nächsten Jahr einen guten Ertrag liefern.«

Wie bei den Kramerkindern gings auch bei uns. Die letzten Träger des Brauchs wurden älter und älter, verließen das Vaterhaus, zogen aus dem Dorf, hörten mit Kletzenklopfen auf. – Und niemand kam nach. Das Aussterben des Brauchs – wurde mir grell bewußt – war nur noch von mir und meinen braven Kindern aufgehalten worden. Im Grund hatten wir schon über die Zeit hinaus »gepflegt«. Die Kontinuität war abgebrochen, war im

Grund schon lange vorher abgebrochen, als Spritzgifte (wasser-verseuchende) und Kunstdünger an die Stelle der geweihten Scheiteln, der Bittgänge, des Rauchs und Segens – und des Klöpfelns getreten waren. Und soo viel weniger christlich als die neuzeitlichen Hilfen zum Überleben war das Kletzenklopfen ja auch nicht gewesen. Ich mußte da dem Schuster Kurwi schon ein wenig widersprechen und sagte es ihm auch. War denn die öffentliche Geschäftemacherei mit Weihnachten – ohne einen Glauben an Weihnachten –, war sie nicht viel ärgerlicher als das bißchen Klöpfelei? Waren die blendend beleuchteten und von glühenden Elektro-Sternen übersäten »Fußgängerzonen«, diese von Wohlstands- und Luxusgütern berstenden Auslagen, dieses »weihnachtliche« Kassengeklingel, dieses vor- und vorvorweihnachtliche »Showbusineß«, war diese verlogene Verspottung Bethlehems nicht um vieles heidnischer als der aus dem heidnischen Kult gekommene Klöpflbrauch?

Sogar die Natur schien meine Befürchtung zu bestätigen. Weniger oft waren die Wiesen verschneit; kaum gefroren, zerfloß die winterliche Pracht, nur noch matt schimmerten die Kristalle.

Und nur noch aus weiter geschichtlicher Ferne klangen die eintönigen Lieder der Klöpfler herüber, in denen bisweilen sogar der heilige Petrus ein dickes Lob abbekommen hatte:

> Holla, holla, klopf o!
> D' Frau hat an schön Mo!
> Geit ma d' Frau an Küache z' Loh,
> daß i an Herrn globt ho!
> An Küache und an Zeltn,
> da Peda werds vogeltn,
> da Peda is a heiliga Mo,
> der alle Ding vogeltn ko.

# Auf Sankt Eligi

Daußt is' grimmi koit,
d' Scheita ko'st in Ofa kracha hörn,
an Apfi brat' in da Röhrn,
d' Bäurin hoits Butzal am Arm.
D' Buam haan lusti,
wei da Schnee owafoit.

Finsta werd's, bei da Tür eina stapft da Bauer.
Wia's stöbert und wachelt daußt!
Da mogst nimma auer!
D' Suppn dampft, 's Betn hebt o'!
Und nachand doans löffeln.
Waaht da Wind, was er ko'!

Da Tisch werd iatz o'graamt,
ins Bett kimmt da Kloa'!
D' Kinder und d' Muatta toan Gschichtn vozöin,
dee ältern Zwe' kinnan guat Karten spöin.
's Uhrwerk hörst rumpen
und an Glocknschlag toa.

In da Buamakamma is' huscherlkoit.
Denat doan s' d' Diandl schrecka
und d' Stoidirn dablecka.
Und na is a Ruah.
Da Vater liest d'Zeidung und brummlt dazua.
D' Muatta tuat schneidern und Wasch flicka hoit.

Dees haan friedsame Bauern von oitn Schlag.
Ob's sejchane heitzutag no gebn mag?

W. J. B.

33

# Das Engelamt

Die Engelämter oder sogenannten bairischen Rorate sind liturgische Höhepunkte des Advents, der feierlichen Erwartung des Herrn. Schon im frühen Mittelalter hatten sich diese vier Wochen am Anfang des Kirchenjahres zu einer strengen Rüst- und Bußzeit vor dem Hochfeste der Geburt Christi entwickelt.

Das außergewöhnlich früh am Tag (meist vor ausgesetztem Allerheiligsten) gefeierte Rorate oder Engelamt hatte seine Bezeichnung von dem Psalm »Rorate coeli desuper et nubes pluant justum« bekommen, der den Introitus der verwendeten Votivmesse Beatae Mariae Virginis bildet und auch im Meßformular des vierten Adventsonntags erscheint. Die deutsche Übersetzung dieses Psalms: »Tauet, Himmel, den Gerechten, Wolken, regnet ihn herab« wird in der durch das Landshuter Gesangbuch von 1777 verbreiteten Melodie von Norbert Hauner (gebürtig aus Au am Inn) bis auf den heutigen Tag in unseren Kirchen gesungen.

Schon gegen das Jahr 1500 waren solche Rorateämter in bairischen Landen üblich. Wir wissen aus einem Eintrag des Pfarrers von Frontenhausen in Niederbayern aus dem Jahr 1509, daß Georg Turnzel, Stiftsdekan zu Mattighofen im damals niederbayerischen Innviertel, in der dortigen Pfarrkirche »ein Amt zu Lob und Ehre der Jungfrau Maria, das Rorate genannt«, gestiftet habe. Man solle es, wie Fritz Markmiller in seinem Buch »Der Tag ist so freudenreich« mitteilt, alle Tage zu der Frühmesse singen bis auf den heiligen Weihnachtstag. Markmiller bringt auch Beispiele aus Laufen an der Salzach, wo 1620 durch die Adelige Margareta von Greifensee ein Engelamt gestiftet worden war. 1644 begründete dann der Schiffmeister Georg König das »werktägliche Rorate«. Man versammelte sich um fünf Uhr früh zum feierlichen Amt. Am Altar standen die Figuren Mariens und des Verkündigungsengels, vollplastisch gestaltet wie Ignaz Günthers Verkündigungsgruppe in der Stiftskirche von Weyarn.

Gleichsam als Inbegriff des jubelnden, aus der düsteren Schwe-
dennot aufleuchtenden Barockzeitalters wurden unsere Altäre
im Advent immer häufiger mit einer Darstellung des Englischen
Grußes ausgestattet. Beschreibungen sind allerdings selten. Fra-
ter Heinrich Pichler, 1745 bis 1748 Student an der Salzburger Uni-
versität – wo unmittelbar vor ihm Ludwig Maximilian Dapsul
von Rosenobel, kunstsinniger Urheber dreier Rokokojuwele des
Erdinger Holzlandes, studiert hatte – gibt uns eine solche
Beschreibung. In seinem tagebuchartigen »Diarium Salisbur-
gense« vermittelt er seinen Eindruck von der Szenerie des bei den
Augustinern im Kloster Mülln 1748 gefeierten Rorate:
»Dieses [Rorate] ist alle Tag und mit 3 Geistlichen. Gleich bey
Anfang dises gehen die Sterne und der Mon recht schön in denen
Wolken auf. Vor dem Evangelio zertaillet sich eine Wolken,
durch welche sich ein Engel hervorschwinget bis ad corum epi-
stolae [= zur Epistelseite] in der Höch, ad corum evangelii [= auf
der Evangelienseite] aber kniet unser liebe Frau auf einem Bett-
schamel. Sobald das Evangelium anfanget, stehet sie auf, und da
der Diaconus singet: Ave gratia plena, so siehet man diese 3 Word
neben des Engel seyn Maull illuminirter, und wan er singet: Spiritus [sanctus] superveniet in te, fliecht ein Tauben ad Mariam zu
dem Gesicht und sie bekomet gleich einen Schein. Da es aber
heißt: Ecce ancilla Domini, so seyn eben bey dem Maull Maria
dise Wort zu lesen. Dise Figuren thauren das ganze Rorate, der
Monschein aber verlihret sich sambt denen Sternen als wan es
natürlich were.«
In seinem köstlichen und unausschöpfbaren Buch »Der Brunnkorb« schildert Max Peinkofer ein adventliches Rorate im Bayerischen Wald seiner Kindheit. Als Bub, es mag nur wenige Jahre
nach der Jahrhundertwende gewesen sein, machte er sich mit seinen Geschwistern auf den winterlichen Weg ins Engelamt, hinab
in den verschneiten Markt Tittling:
»Früh stirbt der Tag, damit der ahnungsreiche Abend und die
erwartungsfrohe Nacht recht lange währen. Bis in den Vormittag
hinein dauert der nächtliche Morgen. Aber der Klang der Rora-
teglocken weckt frühzeitig die tiefverschneite Nacht.

Die hohen Fenster der Heimatkirche leuchten auf, und jeder weihnachtsfrohe Christenmensch rüstet sich zum nachtumdunkelten Gang in die Kirche. Denn dem altbayerischen Landvolk sind seine Rorate oder Engelämter die herzliebsten Gottesdienste; selbst die Mannsleute, die zuweilen gerne die Kirche meiden, wollen keines der Engelämter versäumen. Jedes christkindfrohe Herz will sich an den Freuden dieses frühmorgendlichen Gottesdienstes erbauen.

Jeder Bauer und Landbürger, der noch etwas auf Ansehen und gutkatholische Urvätersitte hält, schafft sich schon im frühen Herbst vorsorglich ›sein Rorate‹ an. Zuweilen steuern ganze Dorfschaften zusammen zu einem eigenen Engelamt. Auch die frommen Vereine wollen ihr Rorate haben. Und so kommt es, daß so ein Pfarrherr oft nicht mehr weiß, wann er all die vielen Engelämter halten soll. Und er muß gleichsam anstücken an die Adventswochen, um in der Zeit nach dem Fest die bestellten Rorate anzusetzen. – – «

Ist es wirklich so unvordenklich lange her, wie es den Anschein hat in Zeiten, da die jungen Arbeiter mit überschnellen Wägen auf der schnurgeraden Autobahn in die immerhin zweihundert Kilometer entfernte Hauptstadt rasen, um in der Fremde Geld für den Lebensstandard und Hausbau zu verdienen? (Daß die Kinder all die Zeit keinen Vater haben, zählt ja nicht, oder doch?). Ist es wirklich so lange her, wie es den Anschein hat?, wenn man in den Aufzeichnungen Peinkofers weiterliest:

»›Aufstehen, Buben, tummelt euch! Ins Rorate!‹ mahnte der milde mütterliche Ruf. ›Das Viertel läuten sie schon!‹ Und wir rissen uns aus den Betten und vernahmen es, wie die Rorateglocke schwer und andächtig die Beter zur Kirche lud.

Rasch zogen wir uns an und eilten hinunter in die warme Stube, in der die unermüdliche Mutter schon alles so freundlich und behaglich geordnet hatte. Traulicher denn sonst dünkte uns der Schein der alten Öllampe; vom krachenden Herd her duftete der Kaffee. Aber das Frühstück mußten wir uns erst durch den Besuch des Rorateamtes verdienen.

Noch eine Bitte an die Mutter: ›Mutter, darf ich heute ein Wachsstöckl nehmen?‹ ›Nun ja, nimmst halt das kleine, in Gottes Namen! Aber tu fein beten auch und nicht wieder das ganze Rorate hindurch lichteln und tandeln mit dem Wachs! Und für den Vater selig auch ein paar Vaterunser beten, gelt!‹

Schnell gings hinunter zur nahen Kirche. In Scharen kamen die Markt- und Dorfleute herbei zum Engelamt, alle dicht in Tücher und Hauben vermummt und viele vorsorglich ausgerüstet mit der hilfreichen Laterne, wenn etwa Mond und Sterne erloschen waren und es so heftig wachelte, daß man kaum drei Schritte weit sehen konnte. Schnee lag auf den Mützen und Tüchern, Reif hing an den Bärten und Kleidern. Immer neue dunkle Gestalten huschten hervor aus der Tiefe der Nacht und stauten sich mit ihren Vorgängern an den Kirchentüren.

Von allen Seiten kamen sie, die guten Rorateleute. Rüstigen Schrittes stiegen sie die beschwerlichen Wege herauf von der alten Bauernwelt der Ilzleiten; sie kamen von den Einschichten und Dörfern zwischen Berg und Wald, junge und alte, große und kleine, in schweigsamen und feierlichen Scharen, in deren Augen ein Strahl des Weihnachtslichtes funkelte. Und ehrfürchtigen Fußes betraten sie das Gotteshaus, indes die mächtigen Akkorde des Zusammenläutens durch den Gottesmorgen sangen.

Schon sind die Kerzen am Hochaltar, dem goldenen, angezündet. Blaue Tücher verhüllen seine edlen Bildwerke; denn die Zeit der Buße und Einkehr ist angebrochen. Die Sitzplätze des Kirchenschiffes sind dicht besetzt. Das junge Mannsvolk drängt sich nach allgemeinem Brauch in das Dunkel der Empore und auf die Treppen, die zur Orgel führen. Bald leuchtet ein Wachsstock nach dem anderen auf, bis schließlich Hunderte von milden weißen Flammen das Gotteshaus in eine Lichterfülle tauchen, in einen weihevollen Schimmer, wie er durch noch so große und helle elektrische Lampen nie erreicht werden wird.

Die helle Sakristeiglocke erklingt; die Orgel setzt mit einem fröhlichen Vorspiel ein; Rauchwolken steigen empor; die Hände des Priesters erheben segnend die goldene Monstranz; andächtig klopft alles Volk an die Brust. Das Engelamt nimmt seinen Anfang, und der Priester fleht: ›Rorate coeli desuper!‹ ›Tauet, Himmel, den Gerechten!‹

Droben auf dem Chor musizieren und singen sie jetzt eine weihnachtlich heitere Messe. In wiegenden Weisen fleht das Kyrie, in munteren Sechzehnteln jubelt die Flöte, andächtig singt die Geige. So anmutig vereinen sich die vielerlei Stimmen der Sänger und Sängerinnen zum Lob des Christuskindes, das uns bald den Himmel aufsperren wird.

Und nach dem Credo wird alles mäuschenstill im weiten Gotteshaus. Man hält den Atem an, traut sich nicht mehr zu husten und zu räuspern, zieht sich ganz zurück in seine Seele, die nun erhoben ist über alle Erdenschwere in ein Reich ewiger Glückseligkeit. Alle Augen schließen sich; die Gebetbücher werden weggelegt, die Rosenkränze um die Hand geschlungen. Denn nun beginnen sie auf dem Chor droben das wunderschöne Frauenlied. Freilich, man kann sie längst auswendig, die Worte und Weisen dieser volkslieben Gesänge zum Lobpreis der Himmelsjungfrau, die uns im armseligen Stall von Bethlehem den Erlöser bringen wird. Ja, man kennt sie längst, aber immer wieder packen sie uns aufs neue mit ihrer lieblichen Gewalt.«

# Mutter Kirche

Es mußte ein Weihnachten kommen, ein unvergeßliches, damit ich die Tiefe des Glaubens erfuhr.

Es gab damals Vokabeln, Vergleiche und Gleichnisse, von denen mir der Kopf schwirrte und glühte zugleich: Göttliches Gold! Zeremonie der Königskrönung und Heiliges Meßopfer! Bewahrung der Antike in den Klöstern! Christus, der Sieger über Welt, Hölle, Tod! Mors, ein Wort für den Unglauben! Lamm und priesterliche Stola! Das Neue Testament überwindet das Alte! Das letzte Zeitalter ist mit Christi Erlösungstat eingeleitet.

So knüpfte ich an Paulus, das geliebte und geschmähte Urbild aller Konversionen, an, dachte an die Dichter und Schriftsteller Gertrud von Le Fort, Theodor Haecker, Edzard Schaper, Dietrich von Hildebrand, Reinhold Schneider, Idamarie Görres, Franz Werfel und Georges Bernanos, dessen katholisch-kassandrische »Sonne Satans« ich »fraß«, ließ mich nicht abhalten, ihren Weg in eine Zeit hineinzugehen, in der es kalt vom Unglauben zu werden begann. Nun verstand ich erst Gustav Mahlers Musik! Was ihm die Wiener Karlskirche und was dem Nazarener Johann Friedrich Overbeck das Kloster Sant'Isidoro wurde, wo er zum Katholizismus fand, mußte ich im Konzentrat Altbayerns, im Innviertel, suchen, dort vor allem in Gilgenberg, wo ich den abgebrochenen, aus der Muschel blaues Taufwasser schüttenden Arm Johannis des Täufers vom Pflasterboden der Ägidienkirche aufgelesen und dem Pfarrer im Nebenzimmer der Gastwirtschaft ausgehändigt hatte. Mein Großvater war 1879 aus Liebe zur Kunst nach München gekommen. Erst 1963, also volle 84 Jahre später, konnte ich ihm, dank meiner Konversion, gleichsam die neue Heimat als alte Heimat schenken. Wie der verehrte Maler Richard Seewald war ich erst gegen mein vierzigstes Lebensjahr zu dieser Heimkehr fähig.

Vor wenigen Monaten war in Rom das Zweite Vatikanische Konzil zusammengetreten. Immer wieder, wenn ich nach meiner

Unterrichtsstunde beim Jesuitenpater Georg Weh aus der Turmtür gegenüber dem ehemaligen Karmeliterkloster auf die Maxburgstraße trat, hörte und las ich, sei es von Bekannten, sei es in Zeitungen, am Ende werde eine Wiedervereinigung der protestantischen und der katholischen Kirche stehen. Ich begriff nicht. War ich wieder einmal außerhalb der Zeit oder ihr nur voraus? Nein, ich verstand nicht. Ich dachte nicht wie Hans Henny Jahnn, den ich in der »Fähre« gelesen hatte, »mit Schaudern an den protestantischen Glauben, in dem ich erzogen worden war, an dies rationale Seelengeschäft und seine heimtückischen Praktiken, an das Gezänk, an das Besserwissen, an den ewigen Unfrieden der Bibelausleger«, denn bei mir daheim war ja so gut wie nichts von diesem heftigen Protestantismus übriggeblieben; ich schauderte nur vor der Leere. Die Reformation galt mir als germanisches Randproblem, die Weltkultur hatte mit ihm nichts zu tun. Die Nazis hatten keine Befehlsgewalt im päpstlichen Rom gewollt, nicht einmal Befehlsgewalt in Wien, was ja auf ein und dasselbe hinausgelaufen wäre, sondern in Berlin als Mitte einer »überkonfessionellen deutschen« Kirche – und Nürnberg, die »Stadt der Reichsparteitage«, hatte dem Bayerischen Nationalmuseum ein »Germanisches Nationalmuseum« entgegengestellt. Sollte man sich einen deutschen Kaiser im Teutoburger Wald oder in der Mark Brandenburg zurückwünschen, anstelle des römischen in Wien? Sollte das alles auf irgendeine Weise wiederkommen? Wie ungriechisch, wie unlateinisch, wie ungeschichtlich, wie unverbindlich mußte die Ökumene sein?
Papst Johannes XXIII., der Konzilspapst (Roms Protestanten strebten später seine Heiligsprechung an), sagte damals, ich erinnere mich genau, die Kirche solle nicht ehrwürdiger, sondern »liebenswürdiger« werden. »Liebenswürdig« ging es aber bei den Evangelischen zu, sogar bei den Glaubenslosen, fand ich; was für tadellose Menschen hatten mich lange Strecken meines Weges begleitet, andererseits: wer konnte zu wenig ehrwürdig sein, wenn Gott es nicht war? Was bedeutete angesichts der Ewigkeit »Liebenswürdigkeit«? Ich konvertierte zum Felsen Petri, hatte Unverbindlichkeit und Gleichgültigkeit satt bis in

den Hals hinauf. Ich hätte auch keineswegs zu sagen gewußt (was man jetzt sogar katholische Spatzen von den Dächern pfeifen hörte), an welchen Enden die Kirche verändert und verbessert werden müsse. Ich hatte die Kirche genauso, wie sie jetzt war, und geradezu deswegen schätzen gelernt. Ich hatte sie all dem entgegengesetzt gefunden, was ich *nicht* wollte, darauf kam es mir an. Immer schärfer erkannte ich, daß es im Grunde meine Feinde waren, die sie anders wollten. Ich hatte in der Münchner Peterskirche einen Mann beobachtet, einen Mann aus dem Volk. Was er tat, blieb mir unvergeßlich. Er tauchte drei Finger in den Weihbrunn und bekreuzigte sich dreimal. Er nahm die Wölbungen, die Altäre, das kräftige Dunkel der Gemälde auf, und ein überirdischer Glanz leuchtete von seinen Zügen wider. Er sank auf der hintersten Bank in die Knie, blickte zum Allerheiligsten unter der Kathedra Petri, die ihm nicht hoch und weit genug sein konnte, sonst hätte er diesen Abstand vielleicht nicht gehalten, legte die Flächen seiner Hände aneinander und betete zum Fleisch gewordenen Brot. Nie werde ich die Verzückung in seinen Augen vergessen.

Ich war in meiner Entwicklung so weit gekommen, Zivilisation, Liberalismus und Fortschritt auf der einen Seite zu sehen und Kirche auf der anderen. In einer entweihten, entwerteten, der Maschine überantworteten Schöpfung, die es dem neuzeitlichen Menschen verwehrte, sich mit Mythen und Riten gegen sein Schicksal zu stemmen, konnte kein Sakrament mehr erfahren werden. Aber dennoch, so las ich bei Jahnn: das ungeheuere Sakrament des Geheimnisvollen geschehe. Der entleiblichte Wortglaube hatte eine entsakralisierte, entgeistete und materialisierte Schöpfung zur Voraussetzung. Es war die uns geläufige technische Zivilisation, die in die Schöpfung einbrach als Barbarei. Hingerissen hatte ich dem Pfarrer in der Gilgenberger Ägidienkirche gelauscht, als er unter der Heiliggeisttaube des Schalldeckels vom Heiligen Geist predigte. Mit wieviel Glück hatten mich die levitierten Hochämter in Berg am Laim überschüttet! Ausgerechnet über Rom stiegen Wolken auf, in München aber strahlte noch die Sonne des Glaubens. Man durfte sich des

Katholischseins erfreuen. Das Innere zeigte sich noch im Äuße-
ren, die Form war der Inhalt, wie es schon Hebbel unter den
Frauentürmen erfahren hatte. Es gab noch die Liturgie der Jahrtausende, das Mysterium des Lateins. Ich hatte noch keine Silbe
dieser (nachmals als »Fremdsprache« verlästerten) Sakralsprache
verstanden (sollte das in der Schule Versäumte erst später in jahre-
langem Privatunterricht nachholen), hatte mich aber gleichwohl
in der Gregorianik »gebadet«. Pater Weh tröstete mich, wenn in
mir ein Bedauern über meine mangelnde Bildung aufstieg: »Das
Heilige muß man nicht verstehen!«
Und es gab das Befreiende des Bußsakraments. »Es ist keine
Hoffnung bei den Schulmeistern« hatte Jahnn geschrieben, »bei
den Staatsmännern, bei den Zeitungsschreibern, bei Doktoren,
Professoren, Ingenieuren; nur das blinde Wort des Priesters ist
den Mühseligen und Beladenen ein Trost; den Hunger und Kum-
mer stillt es nicht, aber es macht sie vergessen«. Nach der Beichte
und Lossprechung – ich kann es nicht anders ausdrücken – fühlte
ich mich wie neugeboren. An einem der Beichtstühle in der
Michaelskirche, zu dem die längste Schlange Bußfertiger
drängte, stand in Frakturbuchstaben auf einem kleinen Schild: P.
Georg Weh. (Dieser alte, fast schon erblindete Pater war damals
ein beliebter und viel in Anspruch genommener Beichtvater.) Ich
durchlebte an einer Jahreswende den ganzen Weihnachtsfestkreis. – Und wie sich dieser Festkreis vollendete, so vollendete
sich meine Umkehr mit den Worten der Versöhnung zum Zirkel.
Ich durchlebte Wochen der Seligkeit, ich fühlte mich so leicht
und losgesprochen. Wenn ich durch die Gassen ging, schienen
meiner Seele Flügel gewachsen; ich lebte mit solcher Inbrunst,
als hätte ich schon einen Zipfel Himmel in Händen. Und als ich
dann in der barock stuckierten Unterkirche von Sankt Michael
auf einer Polsterbank zu Füßen des Altars kniete, an dessen Stufen Pater Weh auf- und niederschritt, die goldgestickte Stola über
der spitzenbesetzten Albe, das große Rückenkreuz der brokaten
starren Casula mir zugekehrt, und selber zum Kreuz geworden,
von dessen linker Armbeuge das Manipel flatterte, wußte ich um
den unaufhebbaren Gegensatz zwischen mir und einem Weihe-

priester, zwischen Zeit und Ewigkeit. Und als mir die Hostie über einer daruntergehaltenen Goldpatene auf die Zunge gelegt wurde, fühlte ich mich erst in die Kirche Jesu Christi aufgenommen. Ich hatte es der mit ihrem Kanon aus den Tagen der Katakomben in unsere eigene Katakombenzeit gekommenen Messe zu verdanken, daß ich des Glücks des Glaubens teilhaftig werden durfte, und fand es fortan, im Gegensatz zu Hebbel, unnennbar schön, daß mir das Höchste einmal notwendige Gewohnheit sein könne.

Sie hielt ich denn eine von Pater Weh am 17. März 1963 mit vielen Fehlern getippte Urkunde und ein Bild meines Regensburger Patrons in Händen.

Wenige Tage später wurde ich im Bürgersaal von Weihbischof Johannes Neuhäusler gefirmt. In zwei langen Reihen standen durchwegs erwachsene Firmlinge an. Wieviele Konvertiten es gab! Drüben in der anderen Reihe erkannte ich den beliebten Volkskomiker Georg Blädel, von dem ich kaum glauben konnte, daß er nicht schon lange katholisch sei. Als »Göd« begleitete ihn Hanns Vogel vom Städtischen Kulturreferat, allseits bekannt unter dem liebenswürdigen Spottnamen »Kulturvogel«; vor wenigen Jahren hatte er im linken Isartorturm die Literatengruppe der Turmschreiber gegründet. Hinter mir stand Konrad Strehhuber, mein Freund von den Haidhauser Kolpingsöhnen und Laienspielern. Er hatte seine Hand auf meiner Schulter liegen. Vor Erregung bebend, rückte ich an den mit Mitra und Krummstab thronenden Bischof heran. Die Firmurkunde steckte mir zwischen Zeige- und Mittelfinger; nach oben wies der Name. So empfing ich das Kreuz aus Chrisam und jenen berühmten Backenstreich, der aus den ersten Tagen der Kirche kommt und als Ritterschlag oder Initiation erklärt wird. (Auch dieses »feudale Relikt« sollte kurz darauf – im Zusammenhang mit einem Kahlschlag ohnegleichen – beseitigt werden; ich wußte es nur noch nicht.) Als Bischof Johannes, der, wie ich wußte, fünf Jahre in den Konzentrationslagern der Nazis, in Dachau und Sachsenhausen, gelitten hatte, mir fest in die Augen blickte und mich getreu dem an Jakob gerichteten Wort Gottes:

»Ich habe dich bei deinem Namen gerufen, du bist mein« auf auf einmal »Wolfgang!« nannte, mit so unaussprechlicher Süße, wie ich dieses Wort noch nie gehört hatte, brach ich in Tränen aus und wendete mich ab vor Scham. Da hatte ich auf einmal das unserer Unrast unerträgliche Schweigen, hatte in einer aus Trümmern wiedererstandenen Kirche die Schönheit, hatte das Geheimnis aller Geheimnisse im katholischen Himmel mit seinen katholischen Götterheiligen, zu denen die Skriptura wie das Besondere zum Allgemeinen gehörte, die deutende Lehre zum lebendigen Leib. Der Glaube, den ich nun bekennen durfte, machte eine verwandelnde, nicht entweihende Hereinnahme der Schöpfung, der Blätter und Steine, möglich, grenzte nicht aus, nahm Blut und Leib des Heilandes hinzu, den pulsenden Quell des Osterwassers, das ewige Tempelfeuer, rot erglühend wie ein Auge über dem Sanctissimum. Ich roch das Harz der Akazie, den Tragant unzähliger Schmetterlingsblütler, im roten Rauchmantel starb und lebte die Cochenille und spendete ihr Karmin, der Opferaltar war kein Tisch, sondern Steinsarg eines Blutzeugen mit malachitgrünen Einsprengseln der Hoffnung, er blieb eine Wanne, ein Sarkophag und bewahrte Reliquien eines verehrten Vorausgegangenen in der Mensa. Ich erkannte im Ornat wieder die verlästerten Kleidungsstücke von Römern und Mönchen (Skapulier, Cucull, Tunika, Cingulum) und schaute beim »Per ipsum et cum ipso et in ipso« die aufgehende, rotgolden glühende Sonne der Hostie, die ihre Strahlen hinter dem Kelchrand wie hinter einem Horizont oder hinter einer Wolkenbank hervorsendet: erhabenes Bild auf Priesterepitaphien. Chorjubel, Orgelbrausen, aufstrahlendes Licht, Glockengedröhn und silbriges Klingeln der von Ministranten (in purpurnen Pelerinen) geschüttelten Dreiklangschellen wurden mir in ihrer Gleichzeitigkeit wie die ganze duftig-farbige, muschelweiße und rosenrote Rokokokirche zu einem Spiegel endzeitlicher Verklärung. Das ausklingende Salve Regina begriff ich als Schöpfungslobgesang, der mich fortan begleitete. Büsche und Bäume rauschten mir nun das österliche Exsultet vor, braust en das pfingstliche

Veni creator spiritus. Die Schöpfung lobte ihren Schöpfer und schüttelte sich den Wahn der Moderne vom Leib. Was im Todeshauch des Fortschritts verdorren wollte, brach mit prallen Knospen auf, in jedem Grashalm, jedem Blütenkelch jubelte ein Heiliger dem Schöpfer zu, und immer war ich selber es, der wieder atmen konnte. Sonne, der reißende Lichtstrom, die empfangende Frau Luna und alle Gestirne jauchzten mit. Ich hatte an der Heiligung der Welt meinen beglückenden Teil.

# Der Priester, das Rorate lesend

In seine hände
ist ein siegel
geprägt,
ein unzerstörbarer
chrisamhügel.

In seine augen
– er sieht ihn offen –
ist ein himmel
gelegt.
er heißt uns hoffen.

Jenseits – hienieden.
dort stille – wir vom streit
erregt.
alle erdenzeit
ruht in der ewigkeit.

Bei Gott ist frieden.
der ihn entgegen
uns trägt,
opfert sich segnend,
wird selber zum segen.

W. J. B.

# Ein bewegendtes Spiel
# von der heyligsten Herberg

(Traunkreis, Steyr)

Unsere Liebe Frau und Sankt Joseph klopfen an unterschiedliche
Haustüren und bitten um Einlaß.

| | |
|---|---|
| Maria (singt) | Liebster Joseph, laß uns gehen,<br>Thu mir um ein Herberg sehen,<br>Zum Gebären kommt die Zeit.<br>Freud und Leid trag ich im Herzen,<br>Aber weichen muß der Schmerzen,<br>Wann ich siech der Engel Freud. |
| Joseph (singt) | Will ja gleich um Herberg fragen,<br>Will die Noth und Armuth klagen<br>Allen Burgern dieser Stadt. |

(Er kommt ans erste Haus)

| | |
|---|---|
| | Lasset ein mich und Mariam,<br>Zu gebären den Messiam,<br>Den ihr längst erwartet habt! |
| Maria | Liebster Burger und Einwohner,<br>Gott wird selber dein Belohner,<br>Räumt uns eine Herberg ein! |
| Joseph | Heut Maria wird gebären<br>Euren Heiland, euren Herren,<br>Der euch Freud und Trost wird sein. |

| | |
|---|---|
| Der grobe Burger | Fort mit euch von diesen Orten,<br>Fort von meinem Haus und Pforten,<br>Hier seid ihr nicht angenehm.<br>Thu euch schnell und kurz ankünden,<br>Hier sollt ihr kein Herberg finden –<br>Fort mit euch aus Bethlehem! |
| Joseph | Ach, was soll ich jetzt anfangen,<br>Um ein Herberg zu erlangen.<br>Für Maria muß es sein! |
| Maria | Willst du, daß geboren werde<br>Gottes Sohn auf harter Erde?<br>Klopf noch einmal, Joseph mein! |

(Sie kommen ans zweite Haus und klopfen)

| | |
|---|---|
| Joseph | Habt ihr nur ein Liebesfünklein –<br>O, so gebt uns ein kleins Winklein,<br>Ist es auch ein schlechter Ort. |
| Maria | Gnug ists, wenn ein Dach wir haben,<br>Zu gebärn den edlen Knaben,<br>Wär es da gleich oder dort. |
| Der andere Burger | Geht hinweg! Bei diesen Zeiten<br>Fragt man nichts nach Bettel-Leuten.<br>Weg! Und machet nicht viel Wort.<br>Ist an euch nicht viel verloren,<br>Sein schon bessre Leut erfroren,<br>Packt von meiner Thür euch fort. |
| Joseph | O Maria, tief im Herzen<br>Thut mich solche Bosheit schmerzen.<br>Ach, wo wend ich mich noch hin! |

| | |
|---|---|
| Maria | Auch mein Herz thut es verwunden, |
| | Und es währt nur wenig Stunden, |
| | Bis ich Kindleins Mutter bin. |
| | |
| Joseph | Liebste Frau, an allen Thüren |
| | Lasset sich kein Herz nicht rühren, |
| | Sind als wie ein Marmelstein. |
| | |
| Maria | Willst du, daß geboren werde |
| | Gottes Sohn auf harter Erde? |
| | Klopf noch einmal, Joseph mein! |

(Sie gehen zum dritten Haus und klopfen)

| | |
|---|---|
| Joseph | Bethlehem! ihr lieben Herzen, |
| | Seht doch unsern Frost und Schmerzen, |
| | Schenket uns ein Winkelein! |
| | |
| Maria | Daß ich euern Gott und Herren, |
| | Den ich sollte heut gebären, |
| | Arm und bloß kann wickeln ein. |
| | |
| Der dritte Burger | Still du Weib! mit deinen Klagen, |
| | Nach dir wird man gar nichts fragen, |
| | Halt dein Maul! Und geh von dann! |
| | Keine Herberg hast du z' hoffen, |
| | Dort steht dir das Stadtthor offen, |
| | Pack dich fort mit deinem Mann. |
| | |
| Joseph | Ist dieß Haus für Gott verschlossen, |
| | Wollt ihr denn auch Gott verstoßen |
| | All mit Untreu, all mit Schmach? |
| | |
| Maria | Dem ihr hier ein Ort verneinet, |
| | Euch zu richten streng erscheinet: |
| | Denkt, ihr Burger, drüber nach! |

51

| | |
|---|---|
| Der dritte Burger | Wer will da von Gott was sagen! |
| | Muß ich euch mit Gwalt verjagen |
| | Oder gehn zur Obrigkeit? |
| | |
| | Diese Reden sein zu strafen, |
| | Bald will ich mir Ruhe schaffen, |
| | Geht geschwind, ihr habt schon Zeit. |
| | |
| Joseph | Daß ihr wollet Gott ausschließen, |
| | Macht uns billig Zähren fließen. |
| | Ach, erkennt doch euren Gott! |
| | |
| Maria | Von dem die Propheten gschrieben, |
| | Der wird nun von euch vertrieben |
| | In das Elend, in die Noth. |
| | |
| Joseph | Stoßt uns nicht auf d' offne Straßen! |
| | Wir wollen uns begnügen lassen |
| | In ein'm Stalle bei dem Vieh. |
| | |
| Maria | Wenn wir nur ein Dachl hätten |
| | Und ein Stroh, uns drei zu betten, |
| | Gott vergilt es sicherlich. |
| | |
| Der dritte Burger | Fort! Nichts Gutes kann man hoffen, |
| | Seid ein Gsindel, hergeloffen – |
| | Unruh machet ihr im Haus. |
| | Seid blutarm, habt nichts zu essen, |
| | Wer solls geben unterdessen? |
| | Packt euch vor das Thor hinaus! (ab) |

Joseph (singt nach der Melodie vom Anfang des Spiels)
Der die ganze Welt erschaffen,
Findt bei euch kein Ort zum Schlafen,
Wenn er wird geboren sein.

|  |  |
|---|---|
| | Ach, es hilft allda kein Bitten. |
| | Laßt uns suchen eine Hütten, |
| | Geh mit mir, Maria mein. |
| | |
| Maria (singt) | O mein Joseph, mein Geliebter, |
| | Keuscher Gspons, o höchst Betrübter, |
| | Tröste mich – o tröste mich! |
| | Der die Vögel ziert und kleidet, |
| | Alle Thier erhält und weidet, |
| | Wird erhalten mich und dich. |
| | |
| Ein Engel (kommt) | Heiliger Joseph, liebe Frauen, |
| | Wollet euch mir anvertrauen, |
| | Denn ich bin von Gott gesandt. |
| | O Maria, Gottes Grüße |
| | Brachte ich zu dir, o Süße – |
| | Gabriel bin ich genannt. |
| | |
| Joseph | Ich vermag nicht zu erkennen, |
| | Darf ich Gabriel dich nennen |
| | Und dich bitten für uns beid? |
| | |
| Maria | Nun bin ich nicht mehr bedrücket, |
| | Da Gott seinen Engel schicket, |
| | Und hinweg ist alles Leid. |
| | |
| Engel | Nicht in einem Königssaale, |
| | Nur in einem armen Stalle |
| | Kehrt der Herr des Himmels ein. |
| | |
| Maria | Deinen Auftrag zu erfüllen, |
| | Thun wir alls nach Gottes Willen, |
| | Mag es dann wie immer sein. |

Gabriel weiset Maria und Joseph in den Stall und zur Krippe.

# Weihnachten

Die Schatten fallen ins gelobte Land.
Die schwarzen Felsen ragen zwischen Resten
von Mauern,
halb angefangenen
und halb vergangenen
altrömischen Palästen.
Des Imperators ferne und verlorne Gesten
vertrauern
schon müde ihre ungereimte Gegenwart
im heiligen Sand.

Ja – heilig! Heilig ist dies Land,
das heute eine Nacht erharrt,
wie sie noch niemals hinter einem Abend stand:
Voll Kälte, Angst, Verlassenheit und Not
ist diese Nacht zunächst,
als sei ihr Kern Geburt nicht, sondern Tod,
und eitel Hohn Mariens süße Last –
bis jäh der halbzerfallne Stall in ihre Augen wächst:
der Stall,
um den die Nacht steht und des Mondes trüber Glast.
Ein Wall
ist jetzt die Nacht, ein dumpfes Tuch,
mehrmals geschlagen um den wehen Schrei
der Jungfrau, den es willig schluckt.
Und Joseph kniet, auch in das Tuch gehüllt, dabei
und faßt es nicht, was in Mariens Augen zuckt.
In ihren Augen liest er schon das Buch
des Heils. Er schnauft und spürt den Stallgeruch.

Und in der Futterkrippe liegt das Kind,
so wehrlos zappelnd, dessen zarte Haut
den Blütenblättern einer welken Rose gleicht,
dem Ochs und Esel stumme Hüter sind.
Ein Kind, wie eines Esels Maul voll Stroh so leicht,
ein Kind, seit einer Stunde erst der Kälte anvertraut,
der Armut rings, so weit das Auge reicht:
Das ist der Kern der Nacht,
die scheu nach allen Seiten auseinanderweicht
vor diesem Schein,
von einem Kind in einen Stall gebracht.
So wird es sein
seit dieser Nacht in allen Nächten,
in schwarzen, kalten, ungerechten:
Im Kern von aller Angst ist doch ein Licht,
aus dem die Hoffnung und die Gnade spricht.
Weit in die Welt dringt dieser Schein,
es blendet uns in Feuerschrift ein Zeichen
tief in die Finsternis hinein:
Den Letzten wird das Licht von Bethlehem erreichen.
Das ist ein Kind,
und Hirten, denen Engel ihren Heiland zeigen,
und Könige sind,
die sich vor diesem Kinde neigen.
Das ist der Kaiser! Ja, sie haben ihn erkannt!
Das ist der Kaiser über alles Land! –

Des Imperators ferne und verlorne Gesten
vertrauern
schon müde ihre ungereimte Gegenwart
im heiligen Sand.
Der Herrscher ist verloren,
verloren sind Kastelle, Festen
und Mauern,
ein neuer Himmel klart,
denn Christus ist geboren!
Und Könige dem Kind sich neigen
und Könige ihm Erfurcht zeigen.

Die Schatten fallen ins verfluchte Land.
Die Totenuhren ticken zwischen Resten
von Mauern,
kaum angefangenen,
schon längst vergangenen
Fabrik-Palästen.
Des Menschen böse und verlogne Gesten
vertrauern
die stumpfe, ausweglose Gegenwart.
All Überfluß verrinnt wie Sand.
Wann kommt Er, den die Welt erharrt?
Wann kommt der Kaiser, dem die Könige sich neigen?
Wann kommt der Kaiser, aus der Nacht den Weg zu zeigen?

W. J. B.

# Von der Geburt Christi

Erschienen ist er – der Heiland der Welt, und mit ihm Friede und Freude für alle, die eines guten Willens sind. Erwäge, meine Seele, die unaussprechlich große Gnade, welche dir und der ganzen Welt durch die Geburt Jesu zu Theil geworden ist . . .

So feierlich, und als ein so großes Heil wurde der Welt noch kein Ereignis angekündet. Der ganze Himmel frohlockt, und neigt sich hernieder; Engel kommen herab und wünschen der Erde theilnehmend Glück. Ehre sey Gott in den Höhen, und Friede den Menschen auf Erden, die eines guten Willens sind! So sangen sie in der stillen und geweihten Nacht, in welcher die Erwartung aller Völker, Jesus Christus, der Sohn Gottes geboren ward. Von diesem Preisgesang widerhallten der Himmel und die Erde, und Heil und Frieden ging der Menschheit wie das Rosenlicht des Morgens auf.

Du kamst, o Jesu, als ein armes, schwaches Kind auf diese Welt. Du hast das Mühselige der menschlichen Natur auf dich genommen, hast unsere Lasten getragen, unsere Leiden mitgelitten und unsere Thränen mitgeweint, damit du unsere Leiden mildern und unsere Thränen trocknen konntest. Dein Weg von der Krippe bis zum Kreuze war rauh, voll Mühseligkeit, Schmerz und Qual. Du gingst uns auf diesem Wege voraus, um uns durch eigenes Beispiel zur Geduld zu ermuntern, und uns deine Liebe in ihrem schönsten Glanze zu zeigen. Aus Liebe zu uns hast du dich so tief erniedriget; aus Liebe zu uns bist du, der Allerreichste, arm geworden, um uns zu bereichern mit den Schätzen der Ewigkeit.

Aus der Andacht zum Weihnachtsfeste in: Der heilige Opferaltar, ein Gebet- und Erinnerungsbuch von M. C. Münch, Augsburg 1844.

# Wintertag

Flocken sinken tief
bis in die Nacht.
Manche meinen, daß Gott schlief,
weil so still die Stunde, daß die Flocken hallen.
Samen, die in diese Stunde fallen,
haben morgen Frucht gebracht.

Denn in jeder Flocke wartet Gott.

W. J. B.

# Die Krippe von der Adalbertstraße

Mein Großvater war ein bekannter Maler der Prinzregentenzeit. Als Vertreter des behäbigen Altmünchner »Malerfürstentums« wohnte er in einem weiträumigen Atelier an der Adalbertstraße. Ich lernte diese mit schweren Möbeln, Gemälden und Fayence-krügen überfüllten Räume kennen, als mich mein Vater auf dem Gepäckträger seines Fahrrads von Trudering, wo er sich angesiedelt hatte, zur pompös begangenen achtzigsten Geburtstagsfeier meines Großvaters brachte.

Etwas hat immer wieder meine Verwunderung erregt: wieviele Gegenstände heimischer Lebensart aus der Atelierwohnung in der Adalbertstraße nach Trudering gekommen waren. Vor allem gab es da die großväterliche Krippe, die hier, dem ersten Enkel zuliebe, den Heiligen Abend so schön machte. Ich erfuhr es nie: Stammte die Krippe aus dem Besitz meiner Straubinger Groß-mutter, oder war sie von dem so musischen, aber hier nicht hei-mischen Großvater erworben worden, um sich heimisch zu machen?

Maria und Joseph hatten geschnitzte Häupter und Hände, ebenso die aus der Ferne mit Lastkamelen und Mohrenknaben anreisenden Heiligen Drei Könige. Aus Wachs bossiert waren dagegen die Köpfe der herbeistürzenden Hirten. Das lächelnde Jesuskind war ganz aus Wachs modelliert. Ein Hirtenfeuer glühte. Ochs und Esel standen im Glanz eines unbestimmten Scheins, der rötlich durch das Fenster der Hütte fiel. Der Stern, dem die prunkvoll in Brokat – mit funkenden Pailletten – gewan-deten Könige folgten, zog einen breiten Schweif über den Nacht-himmel; diesen vertrat schwarzer Photographen-Kattun, der als Hintergrund aufgespannt war.

Außerdem stammten Rauschgoldengel, Kindleinköpfe und andere großväterliche Christbaumschmuckstücke aus der Adal-bertstraße. Wie sich die Kerzenflammen zugleich in den bau-melnden Äpfeln und in meinen vor Staunen aufgerissenen Kinderaugen spiegelten, hat mein Vater auf einem frühen Photo festgehalten: Meine Mutter kauert mit mir am Boden, ihre Haarfülle hat sie der Bubikopfmode der zwanziger Jahre geopfert.

Überhaupt ließ mir mein Vater Weihnachten alljährlich zu einem Wunder werden, zum Einbruch des Überirdischen in unsere nüchterne Welt. Wenn er treppauf, treppab huschte – wozu in einem von Stiegen strotzenden Haus nicht viel gehörte –, wenn er im Atelier oben (auch mein Vater hatte eine akademische Malerausbildung genossen) raschelte und hämmerte, bewunderte ich ihn scheu, weil er dem Christkind bei der Vorbereitung des Festes helfen durfte. Auch dies deutete ich in das geheimnisvolle Truderinger Atelierfenster hinein, daß durch eine seiner vielen Scheiben, überirdischen Strahlen gleich, das Christkind ein- und auszuschweben pflege.

Einmal nagelte ich mit unbeholfenen Händen eine Futterkrippe zusammen, damit nur ja das Christkind (weil es in diesen Tagen so viel hin- und herfliegen müsse), wenn es müde werden sollte, ausruhen könne. Ein andermal fragte ich meine Mutter: »Gell, Weihnachten heißt es, weil das Christkind weinen muß?« Meine Mutter verstand nicht: »Warum soll es weinen?« Ich beharrte darauf, daß das Christkind weinen müsse: »Freilich, weil es alle seine schönen Spielsachen anderen Kindern schenken muß!«

Als weitere Kostbarkeit aus der Adalbertstraße wechselte in die Truderinger Sophienstraße ein vom Großvater eigenhändig bemaltes Kasperltheater mit selbstgeschnitzten Figuren. Ich glaubte fest, nachdem das Glöcklein silbrig gebimmelt hatte und ich über die Ateliertreppe in den Glanz der Kerzen hinaufgestürmt war, das Christkind selbst sei es, das dem drolligen Kasperl (der mit seiner Prätsche auf den braunzottigen Sparifankerl eindrosch) und seiner herzallerliebsten Gretl, die händeringend herzulief, Leben einhauchte. Der aus dem Leinwandgehäuse des Theaters hervortretende, mit Unschuldsmiene zur »Rampe« hinaufdeutende Vater bestärkte mich in diesem Glauben. Dabei konnte er die Wirklichkeit oft recht gründlich entzaubern: so, wenn er mir die Folgen eines Brandes mit allen schrecklichen Einzelheiten ausmalte und unter verkohlten Balken einen geschwärzten Leinwandfetzen zum Vorschein kommen ließ, der einmal unser schönes Kasperltheater gewesen war: Ein deutlicher Beweis, daß der Zauber um die Welt meines Vaters nicht auf dessen Kraft beruhte, Wunder zu wirken, sondern auf meiner eigenen Fähigkeit, an Wunder zu glauben.

# Die Hirten auf dem Feld

O selige Nacht!
In himmlischer Pracht
erscheint auf der Weide
ein Bote der Freude
den Hirten, die nächtlich die Herde bewacht.

Wie tröstlich er spricht:
»Oh, fürchtet euch nicht!
Ihr waret verloren,
heut ist euch geboren
der Heiland, der allen das Leben verspricht.

Seht Bethlehem dort,
den glücklichen Ort,
da werdet ihr finden,
was wir euch verkünden:
das sehnlich erwartete göttliche Wort.«

O tröstliche Zeit,
die alle erfreut;
sie lindert die Schmerzen,
sie wecket die Herzen
zum Danke, zur Liebe, zur himmlischen Freud.

Christoph Bernhard Verspoell, 1810

# »Kommt, ihr Hirten, kommt herbey!«

Ein Hirtenlied                    Weyarner Liedersammlung, nach 1780

Kommt, ihr Hir - ten, kommt her - bey nur fein gschwind und nur fein glei, nur fein glei, Hö - ret, was in Lüf - ten klingt, wie die Schaar der En - geln singt:

Es ist in diesem Buch viel von vergangenen Dingen die Rede, von Erinnerungen. Aber, Hand aufs Herz, was wäre unser Leben ohne Vergangenheit? Ohne Erinnerung? Und was wäre die Kirche ohne etwas, auf das man sich berufen kann? Ohne die heiligen Bücher, auf die sich alles bezieht? Versuchten nicht sogar

fortschrittsgläubige Ideologien, Geschichte zu schaffen? Und auf was soll ein Schreibender zurückgreifen, wenn nicht auf die Erinnerung, die nach Jean Paul »das einzige Paradies ist, aus dem wir nicht vertrieben werden können.«? Auch die Herbergsuche ist zweitausend Jahre lang Vergangenheit. Aber sie ist ein Wiedererkennungsmerkmal, ein Kürzel für allzeit Gegenwärtiges, für bedrängend Gegenwärtiges gerade in den Zeiten der Weltkriege.

# Das Hirtenspiel

Ein alter Brauch

Wie nah sich Bayern und Österreich sind, eine Nähe, die man Einheit nennen mag, was sie früher sogar im politischen Sinne war, das zeigt sich am weihnachtlichen Hirtenspiel. Deutlich wie sonst nirgends wird es hier, daß beide Länder von den Gemeinsamkeiten derselben Kirche, derselben Sprache, desselben Brauchs, derselben Geschichte umschlungen sind. Wie bedauerlich und verhängnisvoll, so kommt es einem – ist man südlich des Mains geboren – zum wiederholten Mal in den Sinn, daß Bayerns alte, ur-uralte Grenze gegen den Norden fiel, daß aber im Südosten ein Graben aufbrach (wenn es auch hart klingt, so ist es dennoch wahr), der tiefer und tiefer wird, je mehr sich die bayerischen Unverwechselbarkeiten im nördlichen Einerlei verlieren.

Die einfachen, ungebildeten Hirten, deren Auftreten auf das Zeugnis der Evangelisten zurückgeht, bringen dem neugeborenen Erlöser Milch, Rahm, Speck, »Oar« und Hennen, also Naturalien, über die das Volk seit je als Zahlungsmittel verfügte, vor allem Lämmer aus dem eigenen Pferch. Und sie sprechen ihre Sprache, die Mundart ihres Landes. Aber sie reden beileibe nicht hebräisch oder aramäisch, sondern bairisch. Bethlehem wird in unsere Heimat hereinversetzt, nicht anders, wie es die Krippenbauer tun. Die Dörfer, Weiler und Einöden, aus denen die Hirten aufbrechen, um ihren Heiland und Herrn zu suchen, sind unsere eigenen Dörfer, Weiler und Einöden. Die Hirtenspiele sind also früheste volkskundliche Zeugnisse unserer Heimat. Als Darstellung auf dem Hochaltarblatt seiner Pfarrkirche von Rappoltskirchen erfreut den Verfasser immer wieder eine Schar betender Hirten, die der heiligen Familie Hühner und Eier überbringen. Die bäuerliche Bevölkerung übte dies bis zum

Zweiten Weltkrieg weiter, bedachte den Rappoltskirchener Pfarrherrn jährlich zum Weihnachtsfest mit solchen Gaben.

Und auch das beweisen die Hirtenspiele: Neben dem Latein der Gebildeten und der Liturgiker lebte die Volksmundart, eben die »Sprache«, ein kräftiges und ungeschmälertes Eigenleben.

Einer der ersten Mundartdichter bairischer Zunge war der Benediktinerpater Maurus Lindemayr aus Lambach in Oberösterreich. Sein Spiel von der Verkündigung an die Hirten ist eines der ältesten dieser Gattung überhaupt, ist eines der frühesten Zeugnisse bairischer Mundartdichtung. Der am 25. November 1787 in Hochburg nächst Burghausen geborene Innviertler Franz Xaver Gruber, der biedermeierliche Verfasser des Liedes »Stille Nacht, heilige Nacht« (1818), führte Lindemayrs Hirtenspiel unverändert im Schulhaus von Arnsdorf bei Oberndorf (nächst Laufen an der Salzach) auf.

Die ABC-Schützen des Oberinnviertler Schulmeisters, dessen Geburtsort bis 1816 zu Niederbayern gehört hatte, sprachen dieselbe Sprache wie ein halbes Jahrhundert vorher die Schulkinder Pater Lindemayrs von Lambach. Daß es auch die Sprache des heutigen politischen Altbayern ist, soll nach dem Abdruck des im Jahr 1760 entstandenen oberösterreichischen Beispiels durch ein Gegenbeispiel aus dem Jahr 1970 und aus dem ober- (früher nieder)bayerischen Erdinger Holzland belegt werden, wie es die Buben des Trachtenvereins Wasentegernbach aufführen. (Ihr Spiel wurde nach älteren Vorbildern von der Lehrerin Anna Kangler aus Anger aufgeschrieben.)

Zwischen 1803 und 1805 – nach dem Ende des alten Reichs – wurden im aufklärerischen Bayern alle Hirtenspiele verboten (obwohl sie, nach den Forderungen der Aufklärung, den sogenannten kleinen Mann in den Mittelpunkt der Glaubensverkündigung stellten) – keineswegs in Österreich! Wie sich die Bilder gleichen! Man denke an die verschiedenen von Österreich unterlassenen Reformen unseres neuerungssüchtigen Jahrhunderts und an die Zerstörungen, die sich Österreich dadurch erspart hat – von allen anderen Zerstörungen abgesehen . . .

# Verkündigung an die Hirten

Ein Spiel aus Lambach

Stöffl  
Hiasl  
Michl ⎤ Hirten  
Thomerl  
Lippl, ein Hirte  
Peterl (sehr klein)  
Simeon, ein alter Schäfer  
der Schaf-Jagerl

Stöffl        Han Buama! Hat koana nix ghert?  
(lebhaft):     Es hat uns ja eppa begehrt.  
              Was is denn dort drobn für a Feier?  
              I han koan so groß's gseha heier.  
              Stehts gschwind auf, tuats enk nöt lang bsinna;  
              I siahgs, ban Nachbarn tuats brinna,  
              Laßts all enga Sachl da stehn,  
              Mir müaßn in d' Rött anhi gehn.

Hiasl:        Geh Michl, da Stöffl hat gschrian,  
              Steh gschwind auf, sinst tur i da oane schmiern!  
              Ban Nachbarn is's Feier af'n Dah,  
              Vabrinnt eahm sein Heu und sein Stroh.

Michl        Han mei, so laßts oan denat schlaffa,  
(verschlafen): Mögts denn bein Tag nöt gnua schaffa?

Stöffl:       Nan, geh bald und spreiz di nöt viel,  
              Sinst gib i dir oans mit'n Stiel! –

70

Schau, schau, wia is das Ding so rar!
Als wanns recht natürla net waar.
Von Himmel a mächtiga Strahl
Fallt aba aufn Nachbarn sein'n Stall.
Gehts, schauts, daß ma bald hinkemma
Und daß ma's in Augnschein nehma.
Mi zimt: I her singa dabei,
Is eppa dös koan Blenderei?

Hiasl:    Potz tausend! Kloane Buama a Schar
          Fliagnt aba, schauts hin, Paar und Paar;
          Schaunt aus, als wia d' Engerl so scheen,
          Mir müaßn schan hübsch lüfti gehn!

Michl:    I muaß ma d' Augn erst auswischen,
          I wir mi net viel drein mischen.

Stöffl:   Warts Buama, i laf gen voran,
          Dann will i enk d' Post bringa schan.

          (läuft hin, schaut und kommt zurück)

          Jatzt denkt's eng grad, was i hab gsehng,
          Wia 'r i bei da Kluft einispitz a weng:
          Fremde Leut han i gseha in Stall,
          Meiner Seel, ich kenns net amal.
          Nur oans tuat mi Wunda nehma,
          Wias sand zu de Baurn aua kemma.
          A Muada hat gar a scheens Kind,
          Sitzt drinnat bein Esel und Rind.

Hiasl:    Meiner Löbta, han, was's da grad hat?
          Und warum bleibns denn net in da Stadt?
          Des Ding kimmt ma gar nöt recht für,
          War nout bald, i fürchtat ma schier.

| Michl: | Und sans denn alli iatzunda |
| | Um Mittanacht sogar munta? |

| Stöffl: | Ja freili, es is da a Löbn, |
| | Toant singa und pfeiffa danöbn. – |

Jatzt fallt ma mein Tram erst recht ein,
Wer muaß denn bei mir gwösen sein?
Er hat se nöbn meina hergstöllt
Und hat ma, woaß was nöt, dazählt.
An Engel, zimt mi, is's gwesen,
Hat ghabt a Gschroa und a Wesen:
»Gott kimmt in Glori und Freud
Und bringt uns a friedliche Zeit.«

| Hiasl: | Gehts wög, das Ding wölln ma dafragn, |
| | Da Nachbar, der wird's uns schan sagn. |
| | Es wird do da Heiland net sein, |
| | Weil's gibt gar von Himmel an Schein! |

| Michl: | Schau, schau, was sand das für Sacha, |
| | Da kimmt ma ja aus a Lacha! |

| Stöffl: | Du Hiasl, du Bua! Du täuschst di net, |
| | Da Engel hat just a so grödt. – |

So gehts na gschwind, iatzt woaß i s schan,
Du Michl, lögs neie Gwandl an.
I selba nimm ma a neis Pfoad;
Laßts d' Schaafe nur liegn auf da Woad.
A Paar kinnts eppa mitnehma,
Daß ma nöt laari hinkemma.
Es mecht eahna wohl öppa gfalln.
Sie derfn uns dafür nix zahln.

(Die Hirten bringen auf Rädern fahrbare,
aus Sperrholz geschnittene Schafe.)

72

| Hiasl: | I bin mit mein' Schaafi schan gricht't, |
|---|---|
| | Wann ma nur der Strick nöt abbricht; |
| | Han gnumma das foasta aus alln, |
| | Das wird eahna nacha scho gfalln. |

| Michl: | I hab ma grad a Bätzerl gfangt, |
|---|---|
| | I hab koa anders daglangt. |

| Stöffl: | I sags, Buabn! *Stellts* enk gleichwohl gscheit, |
|---|---|
| | Es sand enk gar grob hübschi Leut. – |
| | |
| | Und glei, daß ma kemman in' Stall, |
| | So toan ma uns bucka fein all; |
| | Dann gehn ma zum Kindl füri, |
| | Gebts obacht und schauts nur auf mi. |
| | Dann toan ma eahna d'Lampeln schenka, |
| | Sie wern eahna Löbta dran denka. – |
| | Potz tausend, no oans und das best: |
| | Daß 's d'Hüat auf'n Kopf nöt vageßt! |

| Hiasl: | Um mi derffst di schan nöt grimma, |
|---|---|
| | Woaß selba, was se tuat zimma; |
| | Wann si nur da Michal recht stöllt, |
| | Net eppan an d' Wand ani pröllt. |

| Michl: | Hör auf, was machst'n für Flausen! |
|---|---|
| | Mit mir hast alliweil z' hausen. |

| Stöffl: | Jetzt gehts na, iatzt gehn ma dahi, |
|---|---|
| | Und schauts nur schen fleißi auf mi! |

(Stöffl, Hiasl und Michl gehen ab.)

(Simeon, ein alter Schäfer, kommt mi dem
Thomerl und Peterl.)

Simeon: Alleluja! Jehova sei hochgebenedeit!
De alten Propheten hamt wahr prophezeit!
»Du Bethlahem«, lest ma, »aus dir wird geborn
Da Fürst, der von Gott uns vohoaßen is worn!«
A so is's gschriebn und a so geht's eahm nah;
Gottlob, da Messias – der is amal da!
I selm han'n gsegn – ünsern Heiland und Herrn:
Buabn, das is a Glückstag! Jatz stirab i gern!
Lang dauerts bei mir nimma, so legts mi in d'Bahr;
Aber ös, meine Buabn, lebts no längane Jahr.
Drum losts, was i sag, als a stoaalta Mann:
Schauts ja dessell Kind in da Krippn guat an!
Und wanns amal groß wird und ruaft:
»Haltst mit mir!«
So folgts eahm nah, dann gehts nöt in d'Irr!
Dös Kind, werdts ös seha, das is da guat Hirt,
Der alle de Seinign as Himmelreich führt! –

Thomerl: Gelts Gott, alta Vada, gelts Gott für dei' Lehr!
As geht koan'n Rabbiner von Mäul bessa her
Als wia dir, liaber Ähnl, du belesener Mann!
Du hast aa deina Lebta koa Lug no nia tan.
Drum zweifel i nimmer, du hast mi bekehrt!
I glaub's und will toan, was da Heiland uns lehrt.
A so bin i bsuna! – Hiatz, Peterl, geh dann!
Mir wartn nöt länger, schauns Christkindl an!

(Der Hirte Lippl kommt ihnen entgegen.)

Lippl: Ban Stadtl hal(t)nt drei Kini Rast
Und schleunö nehmants 'n Kamelen
Von Höckern a(b) de schwaare Last:
Gold, Silber, Purpur und Juwelen.

74

Se legnt se reich und kostbar an;
D' Bedienten bringant für an jeden
Goldgstickte Mántel, Schnallen dran,
Und Szepter, Kranln, Ring und Köden (Ketten).
Es hats daher gführt gar von Weitn
Da Stern, der iatzt steht üban Stall.
So han i redn ghert untan Leutn,
Gehts weiter, se wern kemma bal.

(Simeon, Thomerl, Peterl und Lippl gehen
mitsammen ab.)

(Der Schaf-Jagerl kommt, singend:)

Schaf-Jagerl: I bi da Schaf-Jagerl, ös kennts mi a so,
A kernfrischa Hiata, kreuzlusti und froh.
Just hat üns da Nachbar a Neiigkeit gsteckt,
De macht mi iatz numal so lusti aufglegt.
Da Heiland waar kemma! So schmaatzen de Leit;
An'n Juchatza dua i, wann's wahr is, vor Freid!
Da Vada hat angschafft: »Jatz tummel di, Bua,
Und laaf na grad schleuni auf Bethlahem zua!«
Drum pfüat enk! Und wann i epps inna worn bi,
Dann laß i's enk wissen, valaßts enk auf mi!

# Hirtenspiel der Wasentegernbacher

(Herkunft aus Anger)

| Hansl | | | Naz | | |
|---|---|---|---|---|---|
| Hias | } | Hirten | Sepp | } | Hirten |
| Max | | | Luis | | |

Hansl:  Grüaß enk Gott, liawi Leit,
Do is' warm, da bleib i heut.
Daußtn is' schier zum Derfrern. –
Oba – habts ös net gsehng den Stern?
Habts ös net gsehgn dös helle Liacht?
I moan, daß mas vo da aa a weng siacht.
An Engl, den habts aa nit ghört?
Da schau nur o, ja da is' wert,
daß i verzoi die Gschicht. –
I hon mi grad zum Schlaffa gricht
an Stalle drin im frischn Hei,
da hör i a Musi zart und fei!
I hab aft glei die Tür afgmacht!
Und wiar i außispecht in d helle Nacht,
da hör i auf oamoi d Engl singa,
sie wolln uns Hirtn a Botschaft bringa.
»Folgts dem Stern, dann findts die Hüttn,
wo zwischen Ochs und Esel in der Mittn
das göttliche Kind geboren liegt.«
Kaam hob i drauf den Stern erblickt,
halt mi koa Nacht mehr und koa Windn,
des Gotteskind, des muaß i findn.
Durch Gstrüpp und Schnee, da bin i halt
oba durch den großn Wald.
Müad worn durch des gaache Hastn,
muaß i bei enk a wengerl rastn.

I leg mi her – is' enk scho recht –
weil i a wengerl schlaffa möcht.
(legt sich hin)

Hias:   Moanst, daß ma da richtig haan?
        I siag koan Wald mehr, koani Baam.

Max:    Was Wald, was Baam! Den Stern schau o,
        der leucht no, was er leuchtn ko.
        Der steht no aufn altn Fleck,
        der zoagt uns scho den rechtn Weg.

Hias:   Mi hungert, und der Magn tuat kracha.
        Kunnt ma net a Broutzeit macha?

Max:    I moan, a Wirtshaus waar nit weit.

Hias:   Wenns aba schlafant no, die Leut?

Max:    So is des wurscht und einerlei,
        mir ham ja selber ebbs dabei:
        an Scherzl Brout, an Kaas, a Salz –.
        Des Platzl da, sitz her, mir gfallts.
        (setzen sich)

Hias:   Die ganze Zeit sinnier und denk i,
        es geht ma net in' Schädl eini –
        warum uns Hirtn, uns armer grad,
        da Engl die Freud verkündigt hat.
        Es gaab ja so vui reiche Leit,
        de hättn gwiß a grouße Freid
        und hättn d Sach für s kloane Kindl:
        a saubers Bett, a warms, und Windl,
        und des und jenes kamat dro,
        was aa die Muatta braucha ko.

| Max: | Tuast di da net ganz verdenka? |
| | Die Reichn, die hamt nix zum Schenka. |

| Hais: | Geh, die ham do Sachan gnua! |

| Max: | Aba s Mitleidtürl, des is zua. |
| | Was hilft dir d Sach, was hilft da s Geld, |
| | wenns an der Barmherzigkeit weit fehlt? |
| | Manche kemman gar nit mit, |
| | die sehn die Not des andern nit. |

| Hias: | Du, da kimmt a Mannl übern Anger her. |
| | Kennstn du? Wer is des? Wer? |

| Max: | Dös is der Hirta vo Oberstoiß! |
| | Ma nenntn halt den derischn Lois. |
| | Mit dem wannst redst, da muaßt fei plärrn. |
| | Woaßt, der tuat fast gar nix hörn. |
| | Luis, sitz her a weng zu ins! |

| Hias: | Hast es aa von Engl ghört? |

| Luis: | Ja, ja, es wachlt fest und frert. |

| Hias: | Vom Engl, Luis, vom Engl red i! |

| Luis: | Hintn, moanst, bin i no schneewi? (putzt sich ab) |

| Max: | Nnaa! Hast du aa an Engl gsehn? |

| Luis: | In Gemschbo is an Unglück gschegn? |
| | Wiavui Tote hats denn gebm? |
| | Is' heit oder is gestern gwen? |

| Hias: | Da kunnst vozweifen mit den Kuntn. |
| | D Weisheit hat er aa nit gfundn. |

78

Luis:   Wenns wissats, was i woaß!
        Mei, da wurds enk kalt und hoaß. –
        Zu mir is a Engl zuawagschwebt! –
        I hon gschlottert, bet und bebt. –
        Ganz zuawa is er, her zu mir! –
        I loan mi an die Stubentür. –
        Auf oamoi hör i a feine Stimm.
        Wia i zum Jesukindl kimm,
        hat ma da Engl deut und gsunga!
        Da bin i furt und owagsprunga,
        s Schnaufa hat mi schier derwürgt,
        bein Sauloch hab i d Reib net kriagt,
        auf oamoi stichts mi in mein Bau(ch)
        da außa aus der Rimberg-Au.
        Ma is halt aa nimma der Jünga.
        Jetzt taat i aba gern was trinka.

Hias:   Er muaß was z trinka kriagn, der Hirt!
        Is am End der da gar da Wirt?
        He, Wirt, steh auf, Gäst han kemma!
        (rüttelt den Schlafenden)

Hansl:  Wer tuat mi so grob einirenna?
        I bin ja no so furchtbar müad.
        A Hirt bin i, wißts, und koa Wirt! (schläft weiter)

Max:    Da kemman no amoi zwe' daher,
        der oane schleppt und tragt so schwer.

Hias:   Was hat denn der am Buckl anbundn?

Naz:    Habts ös vielleicht scho s Kripperl gfundn?

Max:    Naa! Mir hann aa grad am Suacha.
        Wo is da Stern?

80

Naz:     Über da Buacha?

Hias:    Jetzt sag mir, weil i neigierig bin,
         was hast denn du im Sack da drin?

Sepp:    Du konnst mas glaabn, a halbe Koim (Kalbin).

Max:     Du bist da Hirt vo der Voina-Alm.
         Und der, des is nit schwaar zum findn,
         is da Sepp vo de Loppastetna-Gründn.

Sepp:    De hand ma! Und jetzt auf den Sack,
         daß den de Neigier nimma plagt.

Hias:    Was kunt des sei? A ungschickts Trumm,
         so dick und eckert umatum.

Sepp:    D Neigier hat di gwaltig zwickt!

Naz:     Des is a Untier, des di schlickt
         mit Haut und Haar, mit Hand und Fuaß,
         wenns di aa nacha speibn muaß,
         weil so vui Dummheit in oan Scherbn
         tuat sogar dem den Magn verderbn.

Hias:    Was redst denn du daher so fad?
         I tusch da oani, daß' di blaht!

Max:     Ja, Hias! Wo bleibt dei guate Seitn?
         Glei sitzt di her da auf de Leitn!
         Grad heit, wo Frieden is verkündt,
         fangst du a Rafats o so gschwind.

Sepp:    Da schau her, a Musi is' (packt seine Musik aus).
         I spui glei oan, daß Frieden is (spielt).

81

Hias: Was möchtst denn mit dem Trumm alloa?
Da muaß i dengat aa mitdoa.

Max: Un i, i mach de Numma drei,
i ho nämli mei Pfeifferl aa dabei.

Luis: (beginnt zu tanzen)

Sepp: O je, jetzt hätt ma boid vagessen,
daß mir des Kindl suacha müaßn.

Max: Packts enk zamm und gemma gschwind,
weckts aba aa den Mo da hint.

Naz: He, Vetter, auf! Mir gehn jetzt weita.
Geh mit zum Christkind, des is gscheita!

Hansl: (erhebt sich) Wo bin i denn? O jemine!
Mir hat traamt, i sitz im Schnee,
vor mir da Woid und in da Mittn
steht an alte Bretterhüttn,
und drüber glanzt der Stern so hell. –
I woaß an Weg! I kenn die Stell!
Auf gehts, gehn ma, is net weit.
Und ös Kinda und ös Leut!
Wer eifrig suacht das Jesukind,
im Herzen aa den Frieden findt. –
Pfüat God! Daß i enk des no sog:
I wünsch recht guati Feiertag!

(Alle ab)

# Beim heiligen Antonius
# oder Wallhalls Überwältigung

Eine Erinnerung aus der Soldatenzeit

Wir saßen in einem Güterwaggon der Eisenbahn und fuhren, wie ich in meinem Tagebuch vermerkte, »wahrscheinlich ohne Umweg an die Front«. Erster Zwischenaufenthalt wurde in Sacila genommen. Dort ratterten unsere Waggons geradewegs in die Hölle eines Bombenangriffs hinein. Binnen weniger Minuten waren Bahnhof und Gleisanlagen ein rauchender Trümmerhaufen. Wir mußten auf Lastwägen umsteigen. Der Leidensgenosse, der neben mir saß, hieß Widowitsch, ein junger, schlanker Kerl mit breitflächigem Gesicht und sehr dichtem Haarwuchs, ein Slowene. An ihn hielt ich mich, denn von ihm konnte ich etwas lernen. Er war ein Überlebenskünstler. Er verstand Nachteile immer in Vorteile umzumünzen, wußte auch die bedrohlichste Lage zu meistern. Wo es lebensgefährlich wurde, war er mit Sicherheit nicht anzutreffen. Ich zog daraus den Schluß: Wenn ich mich an ihn hielt, konnte mir nichts passieren. Leider sollte ich ihn, als es wirklich um Leben und Tod ging, prompt aus den Augen verlieren.

In der Kleinstadt Conegliano, wo wir uns einige Tage aufhielten, sah ich vor dem Kasernentor junge Italiener exerzieren. Ich will nicht leugnen, daß mir diese Soldaten gefielen. Ein paar Gesichter hatten es mir »angetan«, besonders der kleine Posten, der unbeweglich stand, wenn man ihn ansprach. Vergessen war in solchen Augenblicken, was mir in den drei Monaten meines Aufenthalts an Italien mißfallen hatte. Ich sah in diesen harten Schritten und Griffen, in diesen unbeweglichen Augen und Mienen Rom, nichts als Rom, vergaß die »neue Zeit«. Im Gegensatz zu Burgund und Savoyen, wo man in der Weite der Wiesen keine Spuren menschlicher Betriebsamkeit entdecken konnte, wo hinter Bäumen, Hecken und Laubgebirgen die Zeit stehengeblieben schien, machten sich hier in den verschwiegensten Tälern die Fabriken des Faschismus breit (wie ich später erfuhr, hatte Mussolini vom – gleichfalls in Italien entstandenen – »Futurismus« die Verherrlichung der Technik und Geschwindigkeit übernommen), wurden Moore vernichtet, wurden Schnellstraßen aus Beton gezogen. Daß man im jungen Einheitsstaat Italien auf die damals noch am Anfang stehende Maschinenwelt setzte, ließ mich trotz aller Unterschiede oft an Hitlers Fortschrittswahn denken.

Den Heiligen Abend verbrachte ich mit Widowitsch in einem Kuhstall. Wehmütig mußte ich an daheim denken. Irgendwo flackerte eine Kerze und vertropfte ihr Wachs. Auf einem fernen Hügel sahen wir Conegliano liegen. Mitten in der Nacht ging die Fahrt weiter. Militärische Transporte waren bei Tageslicht wegen ständiger Angriffe aus der Luft nicht mehr möglich . . .

Am Christtag trafen wir bei Morgengrauen in Padua ein. Wie glühender Atem weht es mir aus meinen Tagebuchblättern entgegen: »25. 12. 44. Der schönste Tag meines Lebens. Wunder über Wunder. Basilica di S. Antonio. Grab des heiligen Antonius. Altar hinter dem Hauptaltar mit hundert flügelschlagenden Engeln um das Auge Gottes. Der Altar des Heiligen Geistes leuchtet von Flammenzungen. Hochamt mit zelebrierendem Bischof. Kanzelpredigt im Kerzenschein. Mitreißendes Orgelspiel!! Wunder über Wunder!«

Rückblickend schwankte ich bisher in der Beurteilung, wann mir zum ersten Mal bewußt geworden war, daß ich in meinem liberalen, höchstens dem Namen nach protestantischen Elternhaus etwas entbehrt haben könnte. Erinnerte ich mich doch immer nur ganz dunkel daran, daß mein Vater die Naturwissenschaften mit ihren Meßbarkeiten und Nützlichkeiten humanistischen Fächern wie Latein oder Griechisch vorgezogen hatte, daß er keinen Gedanken darüber nachhing, welchen Johannes man mir zum Schutzpatron geben sollte, Evangelist, Baptist oder Nepomuk, daß er kein Wort über den heiligen Wolfgang verlor, vom heiligen Antonius zu schweigen, dessen Kenntnis ich von Wilhelm Busch bezog: »Der heilige Antonius von Padua war

aber ganz ruhig, als dies geschah . . .« Wenn ich bisher glaubte, meine Sehnsucht könne zu diesem Zeitpunkt noch nicht so heftig gewesen sein, dann werde ich beim Lesen meiner Tagebuchaufzeichnungen aus Padua eines anderen belehrt: Ich erlebte, nehme ich alles in allem, Wallhalls Überwältigung durch die Ecclesia triumphans. O nein, ich machte meinen Eltern keinen Vorwurf! Wie sollte ich es an meinem Vater tadeln können, daß ihn diese Sehnsucht erst kurz vor seinem Tod ergriff, beim Anblick einer Nazarener-Darstellung des heiligen Wolfgang, die in meinem Stiegenhaus hing? Floß doch in meinen Adern *sein* Blut, und war es doch *sein* Blut in mir, das mitten im Krieg, weil es jeden Augenblick von einer feindlichen Kugel vergossen werden konnte, im Anhauch der Ewigkeit erschauerte? Mors vitae porta – hatte ich am Grabmal des heiligen Antonius gelesen, das ich mit scheuem Fingerdruck berührt hatte wie alle anderen Pilger auch. Ich wußte aber, daß ich die selige Gewißheit aller anderen, die sich am Grab des Heiligen in langer Reihe vorbeischoben, nicht erlangen konnte, daß ich ein Fremdling blieb und noch lange bleiben sollte.

Als ich von Padua schied, warf ich einen letzten Blick durch die Steinbalustrade einer alten Brücke, durch Bäume und Buschwerk hinüber zur Basilika mit ihrem Gestaffel aus grauen Kuppeln.

Wir marschierten dann die Nacht hindurch der Front entgegen.

# An der Krippe

O du liebes Jesukind,
laß dich vielmals grüßen!
Alle Kinder, die hier sind,
fallen dir zu Füßen.
All um deine Liebe bitten,
die so viel für uns gelitten;
schenk uns deine Liebe!

O du liebes Jesukind!
In der Kripp im Stalle
wehte gar so kalt der Wind;
littest für uns alle.
Aber jetzt sollst warm du liegen,
jetzt soll unser Herz dich wiegen:
Komm in unsere Herzen!

O du liebes Jesukind,
höre unser Flehen!
Laß uns alle, die hier sind,
dich im Himmel sehen,
daß wir mit den Engeln droben
dich und deine Mutter loben:
Jesus und Maria!

Laudate, Augsburg 1859

# En Gott Vatern sei Suhn is heunt kemmar af d' Welt

## Ein Hirtenlied

1. En Gott Vatern sein Suhn is heunt kemmar af d' Welt
   hiaz håt nett an Engl den Fried'n vameldt;
   daweil theans kraod singen und lärmar und schreyn,
   wia kunnt dann a Ruah und a Fried'n åft seyn.

2. Hiaz weil i daos g'sescht hån von Engl seyn Maul,
   hiaz wiar i schon g'wiß dö gåntz Woch' neama faul.
   Sö möngend a schon singar, i wüntsch ma koan Fried',
   da wuschd i von Los'n mein Lebtag nit müad.

3. Je ålls so schen liacht außt, voll Schein und voll Glånz,
   a Musög wånn Kirchtåg waar oder a Tånz.
   D'Engl send ållö voll Freud' und voll Lust,
   als wånn sö vån Wiaschtshaus kråd aussa warn just.

4. Dås Gloria-Singa, dås g'fällt ma schon wohl,
   dar oan mit da Båßgeign, dea rumplt recht toll.
   Sö sågn, da Messias is unt'n im Ståll,
   hiaz måchts enk na g'schickt, schaun mar åhö gian åll.

5. Ja, Rüapö, dås Ding war schon prächtig und raa,
   wånn heunt da jung Gott auf dö Welt kemma waa;
   i tråg gian a Büttal und ålls, wås i findt,
   as is a nit z'vül für dås göttliche Kindt.

6. I lög dås böst Gwandtl g'schwindt ån, wås i hån,
   åft beth' i en Kindl ålls für, wås i kånn.
   Dös müaßt's a wenk Åcht håbm und schaun, waar itz gnau.
   Wånns Kind eppa schlåft, wöckts ös nit aus da Ruah.

7. Sey kraod, wear i saogn, so guat liabes Kindt
   und thua ma schen sauba vazeichn dö Sündt;
   i hån adia g'scholtn und mit gå vül beth,
   hiaz waas ma schon recht, wånn is umdrahta hett.

8. Åft wånn ma brav beth' håm, oaft wüßt's wia ma thoan,
   mia trågn 's a glei hoam a dös Kindl, dös kloan.
   Då unt'n ban Ståll geht an eiskålta Windt,
   då thats wohl dafrieren dås wundaschen Kindt.

Aufzeichnung Maria Vinzenz Süß
Salzburg um 1860

# Die Geigermette

Eine Erinnerung

In der Herz-Jesu-Pfarrei Neuhausen wurde 1949, an Weihnachten, die »Geigermette« von Ludwig Hugin aufgeführt. Mein Freund Helmuth Scherer, den ich im Gefangenenlager kennengelernt hatte, schlug mich für die Rolle des Teufels vor. Er selbst sprach den Dichter. Rainer Wolffhardt aus der Ruffinistraße führte Regie. Zwei Dutzend begeisterte junge Leute, die sich »Spielschar Herz Jesu« nannten, kamen im Pfarrsaal zu wochenlangen anstrengenden Proben zusammen. Hugin schreibt ein gewaltiges Personenverzeichnis vor, verlangt einen Wurstmetzger, einen Zuckerbäcker, eine Kerzenfrau, einen Spielzeugjuden, einen Mausfallenhändler, Bürgerfrauen und Bäuerinnen, Gendarmen und Handwerker, Landstreicher und Kriegsblinde, Bauern und Holzknechte, natürlich Maria und Joseph, einen jungen Geiger, einen Mönchs- und Engelchor obendrein. Das Menschenaufgebot, das nachgerade an Claudels »Seidenen Schuh« erinnert, fordert vom Regisseur choreographische Kenntnisse. Wolffhardt, der sich einen Weg durch das gewaltige Szenarium bahnen mußte, der den Dschungel aus Jahrmarktsbuden, strohgedeckten Hütten, abwechslungsreicher Kostümpracht, Punkt-, Richt- und Farbscheinwerfern, Solosängern und Chören, Tänzern und Musikanten bewältigte, lieferte ein beachtliches Gesellenstück. Die interessanteste Rolle hat – wie im Leben, so auch in diesem Stück – Luzifer. Ich gab meiner Stimme dämonischen Glanz, schickte Blitze aus den Augen, sprang auf Ladenbudeln und Grabsteine, schrie und flüsterte abwechselnd, sang als Höhepunkt eine Verballhornung des Liedes »Stille Nacht, heilige Nacht«. Weit entfernt von der späteren Entwicklung, hielten damals auch kirchliche Amtspersonen Grubers Melodie und Mohrs Text für etwas Heiliges und lehnten im Sakralraum die gestoßenen Rhythmen der Nachtbar als profan und verführerisch ab. Ich ließ Text und Noten unverändert, sang die Melodie lediglich im Boogie-Rhythmus. Das genügte, um den Zuhörern kalte Schauer über den Rücken zu jagen.

Monate vergingen. Mit einem besonderen »Andenken an die verrauschte Geigermette« überraschte mich jemand, von dem ich es am wenigsten erwartet hatte. Ein Mädchen aus der Spielschar, dem ich nie besondere Beachtung geschenkt hatte, schrieb mir: »Für Ihre Zukunft wünscht Ihnen, lieber Teufel, viel Glück und Erfolg die Kerzenfrau.« Den Wunsch hatte sie mit steiler deutscher Schrift auf eine Photokarte der Serie »Aus Gottes Garten« geschrieben. Die Art, wie hier drei ineinander verschränkte Margueriten, künstlerisch vollendet, weiß auf schwarz abgelichtet waren, erinnerte mich an die frühen photographischen Arbeiten meines Vaters. Mit einem zugleich auf diese Blüten, auf den hereingebrochenen Winter und auf ihre wächserne Ware bezogenen Text verabschiedete sich die »Kerzenfrau« von mir. Nie wieder kreuzten sich unsere Wege.

Tief ist die Nacht, und der Winter ist
dunkel und schwer.
Alle die blühenden Sommer gingen dahin.
Alle die glühenden Gärten und innigen
Wiesen sind leer.
Arm ist die Nacht, und es brennt eine
einsame Kerze darin.
Aber trugen nicht tausend Bienen den
Sommer der Wiesen heim
und bauten daraus die goldenen Waben?
Siehe! Die Kerze glüht durch die drohende Nacht –
und wir glauben alles vergänglichen Blühens
unsterblichen Sinn ...

# Die Christmette wird verboten

Die Erlösergeburt wurde in unseren Kirchen seit Jahrhunderten als Ausklang des Heiligen Abends zur Mitternachtsstunde mit der kerzenumschimmerten und musikalisch reich gestalteten Christmette begangen. Die bei Nacht und knisterndem Wachslichterschein gefeierte Mette in der ersten Stunde des Weihnachtstages bildete stimmungsmäßig einen Höhepunkt des Kirchenjahres. Verstehen läßt sich die tiefe Niedergeschlagenheit im Volk, als die bayerischen Behörden unter dem aufgeklärten König Max I. Joseph und seinem französisch-revolutionären Minister Montgelas zu Anfang des 19. Jahrhunderts die Mitternachtsmette auf die fünfte Morgenstunde des Weihnachtstages verlegten – also abschafften.

Der römisch-deutsche Kaiser Joseph II. war zwanzig Jahre zuvor vergleichsweise mild in seinen österreichischen Erbländern vorgegangen. Er hatte 1783 nur gewisse Änderungen am Ritual der Mitternachtsmesse vorgenommen, ohne sie selber abzuschaffen. Der Salzburger Landesherr und Erzbischof Hieronymus Graf Colloredo war dagegen als »fortschrittlicher« Gegner des kirchlichen Brauchtums und der Kirchenmusik (als solcher Mozarts Intimfeind) bestrebt, die Christmette ganz aufzuheben und auf den Weihnachtstag zu verlegen, was jedoch am Widerstand des Kirchenvolks scheiterte. Mit welch unlauteren Tricks beauftragte Liebediener des modernistischen Kirchenfürsten vorgingen, um sein Verbot durchzusetzen, berichtet Felix Haselberger, zeitweiliger Miesenbacher Kooperator, in seiner handschriftlichen Salzburger Chronik: »In der Mette wurden zwanzig Frauen und Mädchen mit Nadel und Faden heimlich aneinandergeheftet, sodaß sie kaum aufstehen konnten. Einer rauchte in der Mette Tabak. Aber diese Unfüge waren, damit man die Mette verbieten könne.«

Gründlicher und erfolgreicher setzte die königlich bayerische Verwaltung das Verbot der Mitternachtsmette in den zu Anfang

des Jahrhunderts neuerworbenen, meist nur zurückerworbenen österreichischen Landen durch (das Fürstbistum Salzburg war zuvor nie österreichisch gewesen, die Innviertler Bezirke waren erst 1779, die Ämter Kufstein, Rattenberg und Kitzbühel 1504, die übrigen Tiroler Lande samt Südtirol 1363 verlorengegangen). Inzwischen hatten sich die österreichisch gewordenen Bajuwaren an das milde Habsburger Zepter gewöhnt. Begünstigt ausgerechnet von den französischen Revolutionskriegen und nun selbst französisch-aufklärerisch-revolutionär geworden, besetzte Bayern das »heilige Land Tirol«. Nicht fähig – was ihnen als Vertreter einer Siegermacht gut angestanden wäre –, gegenüber den neuen Untertanen Milde walten zu lassen, schritten die bayerischen Behörden in unüberlegter und dümmlicher Härte gegen alles – im Stammland schon zuvor ausgerottete – religiöse Brauchtum ein: gegen die Fronleichnamsprozessionen, gegen die Felderumgänge, gegen die heiligen Gräber und – wen wunderts – vor allem gegen die Christmette. Am 20. Dezember 1806 wies das bayerische Stadt- und Landesgericht in Brixen das bischöfliche Konsistorium an, »daß der Mitternachtsgottesdienst der Heiligen Nacht auf 5 Uhr früh zu verlegen sei, zur Verhütung der mannigfaltigen den Sitten und der öffentlichen Sicherheit zuwiderlaufenden Mißbräuche, welche das Herumschwärmen in der Nacht nach sich zieht«: Fadenscheinige Gründe mitten im Winter, bei bitterer Kälte, in Eis und Schnee! Fern der Realität obendrein, da die Weisung erst vier Tage vor dem Fest gegeben wurde. Obwohl die bischöfliche Behörde den Befehl zur Kenntnisnahme an die Pfarreien weitergab, konnten verschiedene Geistliche die Mitternachtsmette nicht mehr absagen. Am 11. März 1807 wurden diese »Zuwiderhandelnden« zur bayerischen Regierung nach Innsbruck befohlen. Sie erhielten ihren Verweis. Einer der Geistlichen, Kurat Anton Ueberbacher von St. Peter, wurde sogar seines Postens enthoben (weil er sich »zu temperamentvoll« geäußert habe). Das Verbot der Weihnachtsmette wurde am 14. November 1807 durch Verfügung an das Brixener Ordinariat erneut eingeschärft. Dieses harte und nicht selten grausame Vorgehen der bayerischen

Behörden gegen die Tiroler Volksfrömmigkeit forderte den Zorn des gemeinen Mannes heraus, führte zum Aufstand und schließlich dazu, daß die urbairischen Tiroler Lande dem politischen Bayern wieder vorlorengingen. Das Verbot der Weihnachtsmette wurde mit dem Ende der bayerischen Herrschaft sofort aufgehoben.

Daß man in Österreich zur früheren Übung zurückgekehrt war, schuf für Bayern besondere Probleme. Orte in grenznahen Landschaften, die den österreichischen Gegebenheiten Rechnung getragen hatten, konnten sich kaum an die neuen Verhältnisse gewöhnen. So wurde die Christmette im Distrikt Laufen in den Jahren seit 1817 zur Mitternachtsstunde gehalten, während man sie sonst verordnungsgemäß im ganzen Land um fünf Uhr früh beging. In einem Schreiben an das königliche Landgericht Rosenheim gab der Pfarrer von Bruck bekannt, er habe an Weihnachten die Mette um Mitternacht gefeiert, weil ihn seine Bauern dringend darum gebeten hätten und er sie »nicht vor den Kopf stoßen« könne.

Am schwersten waren die Regierungserlasse in den Gebieten nahe der Tiroler Grenze durchzusetzen. In Tirol fand die Messe, wie gesagt, nach wie vor um Mitternacht statt, es war daher nicht zu verhindern, daß die bayerische Bevölkerung zum mitternächtlichen Gottesdienst nach Tirol hinüberwechselte. Müde vom weiten Weg, hielten es die Gläubigen dann nicht mehr für nötig, morgens um 5 Uhr nochmals dem Gottesdienst in der eigenen Pfarrkirche beizuwohnen. Deshalb ersuchte die Gemeinde Reit im Winkl im Dezember 1815 um Wiederherstellung der Mitternachtsmette, weil sehr viele Pfarrkinder ins tirolische Kössen hinübergingen, das eine gute Stunde entfernt sei. Das Gesuch wurde unter Hinweis auf die bestehende Verordnung abgelehnt, der Geistliche mit einer gebührenden Strafe für den Fall des Einreichens weiterer Anträge bedroht.

Im Jahr 1825, mit dem Tode König Max' I. und dem Regierungsantritt König Ludwigs I., ging ein Frohlocken durch das Land, hatte doch die bayerische Behörde von jetzt ab gegen eine Wiedereinführung der mitternächtlichen Christmette nichts mehr einzuwenden. Das bischöfliche Ordinariat Regensburg etwa gab allen Dekanaten am 13. Dezember 1825 bekannt: »Se. Majestät unser allergnädigster König haben unterm 6.d.M. erklärt, ihr allerhöchster Wille sey, daß der Gottesdienst, die Christmette, womit man sonst am heiligen Weihnachtsabende die Ankunft des Herrn feierte, nach altkirchlichem Gebrauche wieder um Mitternacht gehalten werde, und am 24. dieses Nachts 12 Uhr zum ersten Mal wieder statt habe.«

Erste Nachbemerkung
Einer späteren Zeit blieb es vorbehalten, die Christmette auf eine frühere Abendstunde, etwa auf zehn Uhr, mancherorts gar auf neun Uhr, vorzulegen – der Bequemlichkeit halber. Es wäre nicht mehr vorstellbar, daß ein Volk geschlossen, wie damals das bayerische und das österreichische, für die Mitternachtsmette auf die Barrikaden ginge, ja sich zu einem Aufstand erhöbe, schon weil es gar kein geschlossen gläubiges, geschweige denn ein geschlossen katholisches Volk mehr gibt.

Zweite Nachbemerkung
Ach, wollten doch bayerische Minister aus diesem Exempel endlich lernen und, wenn sie sich schon vom Befremden unserer Nachbarn bairischen Stammes nicht beirren lassen, wenigstens das eigene Land mit »Planierungen« einer (heute wie damals) »aufgeklärten« Industrie- und Wirtschaftsmacht verschonen!

# Ehrenrettung durch die Jugend

Als ich mein Spiel »Herihodie« auf die Bühne brachte

Vor etlichen Jahren war es meine Sorge, endlich das längst abge-
schlossene Mysterienspiel auf die Bühne zu bringen. Es war mir
darum gegangen, die Lücke zu schließen, die meiner Meinung
nach alle Krippenspiele im Urteil eines Menschen klaffen ließen,
der Stalingrad und Hiroshima verstanden hatte, der nicht mehr,
mit Schiller zu reden, »naiv«, sondern »sentimentalisch« dachte.
Ich versuchte weniger eine Wiederbelebung des barocken Illu-
sionstheaters, wie sie Leonide Massine in seinem »Teatro verde«
anstrebte, als eine Annäherung an den »Symbolort« des mittelal-
terlichen Mysterienspiels. Doch vollzog ich dieses »Heimfallen
zum Uralten« (Rilke) mit noch größerer Strenge, fragte mich,
was unsere Vorstellung von einem Schimmel auf der Bühne
erleichtere: Wenn besagter Schimmel mit Haut und Haaren in
der Kulisse erscheint, oder wenn dieser Schimmel vollkommen
unterschlagen und uns zugemutet wird, die Vorstellung eines
Schimmels ohne äußere Unterstützung zustande zu bringen?
Was nun Stalingrad und Hiroshima betraf, so fand ich, daß das
Unmenschliche zu meiner Zeit stärker wirkte als der Mensch,
das Anonyme stärker als der Charakter, wodurch das Indivi-
duum gezwungen wurde, nicht mehr als Charakter, sondern als
Vertreter seiner Art auf etwas anzusprechen. Diese Vorausset-
zungen mußten zu einer Wendung ins Chorische führen. Was in
vor-individualistischen Zeiten Gemeinschaft gegen das Schicksal
war, wurde, wie ich es verstand, in nach-individualistischen Zeiten Gemeinschaft gegen die zufällig vorgefundene Situation.
Dementsprechend verlangte ich einen offenen Bühnenrahmen,
der den Blick auf eine zweite, kleinere, um ein Podest erhöhte
Spielfläche freigab, die mit möglichst desillusionistisch davor
aufgestellten ordinären Scheinwerfern angestrahlt wurde. Der
halbhohe Vorhang der kleinen Spielbühne, gab, wenn er sich öffnete, nur wenige, mit den einzelnen Bildern wechselnde, Ver-
satzstücke und Requisiten frei, die grell beleuchtet vom schwar-

zen Hintergrund abstachen, wobei sich die mit Marcel Marceaus Pantomime gemachten Erfahrungen als hilfreich erwiesen: Einen Tisch, eine Pergamentrolle, einen Stuhl und eine Schultafel mit hebräischen Schriftzeichen für die vom Evangelisten Matthäus wiederholte Micha-Weissagung. Die Herbergsuche zog ich auf eine simple Tür zusammen, die Hirtenszene auf ein einziges Stück Pferch und einen Hirtenstab. Über der am Schluß gezeigten Krippe, neben der auf einem Hocker Maria saß, hing am schwarzen Himmel der Davidsstern. Ein Spielansager im Landsknechtskostüm trug – wie das Nummerngirl einer Revue – den Titel der nächsten Szene auf einer beschrifteten Tafel vorbei.

Ich nannte mein Spiel nach dem Hebräerbrief »Herihodie«, was eine phonetisch wirksame Verkürzung des vollen Zitats »Christus, heri, hodie et in saecula« war (»Christus, gestern, heute und in Ewigkeit«). Daß ich die »christliche Ewigkeit« (nicht nur um der Einprägsamkeit der Titelschrift willen) unterschlug und meine Aussage auf die Gegenüberstellung »gestern – heute« beschränkte, räume ich ein. Der Procurator Portius trug dementsprechend unter seiner Toga einen modernen Anzug.

Erst am Schluß zitierte ich ungekürzt: »Hab Dank, Messias, Heiland, Jesus Christ, hab Dank, Gott, daß du Mensch geworden bist. Dies war nur ein Spiel und ist doch Wirklichkeit, gestern, heute und in Ewigkeit.«

Peter Grassinger, als eigentlicher Auftraggeber anfänglich wegen der »modernen« Techniken heftig nickend, wendete seinen Kopf ins Horizontale, um ihn ebenso heftig zu schütteln. Auch die »Spielschar Herz Jesu« fühlte sich überfordert. So sprang Intendant Erich Schmidt von Memmingen ein, dem das Spiel gerade recht kam, um damit seine geplante Studiobühne zu eröffnen. Sie sollte in der dem Theater (das auf ehemaligem Klostergrund stand) benachbarten, säkularisierten, in ihrer nackten gotischen Architektur reizvollen Kirche eingerichtet werden. Jedenfalls probte man dort.

Meine Rolle war wieder die des Teufels (»Hellewirth, Beliar, Valant, auch Belzebul bin ich genannt«), Sprecher der Prologe vor den einzelnen Szenen und bewegende Kraft im Spiel. Bald

übertrug Intendant Schmidt unser Mysterium, als er sich vom
zügigen Fortgang der Proben überzeugt hatte, auf die große
Bühne, wo sich der verfremdende Raum zwischen Guckkasten-
rahmen und kleiner Spielbühne überzeugender herstellen ließ,
wo auch zu Füßen des rohen Podests Platz für die desillusionie-
renden Auftritte Satans blieb, den ich mit krummen Hörnern
und spitzigen Tierohren, mit schwarzem Fell und weißge-
schminkten Pantomimengesicht – über die bei der Geigermette
gemachten Erfahrungen hinaus – als ein Mittelding aus gefalle-
nem Engel und zottigem Höllenhund spielte. Auch einen strup-
pigen Schwanz zog mein Teufelsungetüm hinter sich her.
Den Dualismus Heri-Hodie benötigte ich, weil zweierlei gesell-
schaftliche Zustände miteinander verglichen wurden, vor der
Ankunft und vor der *Wieder*kunft Christi, hinter denen ich die
dritte Kraft vermutete: »Heutzutage ist allhie alles zwie, alles
zwie! Was alle Zeit als eins gegolten hat, ist heutzutag entzweit,
sei's Glauben, Denken, Tat. Ein Strich geht durch den Mann bis
unten von oben an. Ein Strich geht durch dich – ein Strich geht
durch dich. Was eines war, das ist jetzt zwei. Und nie kommt die
Erlösung: drei! Rechts wollt ihr nicht, und links wollt ihr nicht?
An ewigem Gut es euch gebricht? Ihr hungert nach des Himmels
Brot? Ihr hungert euch danach noch tot. Nie und nimmer
kommt euer Gott. Glaubt es schon, glaubt es schon: Mein ist die
– Situation!«
Daß ich in München am Residenztheater jahrelang als Regieassi-
stent gearbeitet und Stellungen, Bewegungen, Betonungen auf
eingeschossenen Blättern vermerkt hatte, war nun mein Vorteil.
Ich bestimmte die Beleuchtung, die Maske, das Kostüm, sah in
der Schreinerei, Schneiderei und Schlosserei nach dem Rechten.
Die einsam aus der Dunkelheit hervorgehobene Tür mit ihrem
aus dicken Riegeln aufgenagelten Z – erinnere ich mich –
erschien mir lange zu schäbig. Bald kamen Maria und Joseph, in
schlichte Tücher gehüllt, von links, bald von rechts im Pantomi-
menschritt auf die Tür zugegangen, hinter der die Stimme des
Gastwirts polterte:

»Ich habe keinen Platz und keine Zeit
für lichtscheues Gesindel, wie ihr es seid!«

Es war aber der auf der entgegengesetzten Seite im roten Lichtke-
gel auftauchende Teufel, der dem Wirt seine harten Worte ein-
sagte.

Joseph brauste, ein wenig klassenkämpferisch, auf:
»Wann kommst du, Herr der Armen,
den unsre Knechtschaft will erbarmen,
der das Zuviele nimmt den Reichen
und tut das Recht ausgleichen?«

Maria setzte begütigend entgegen:
»Not ist eine neue Saat,
nicht allein nur für die Armen.
Jedes Land und jeder Staat,
alle Welt braucht sie: Erbarmen.
Unser König ist,
der das Recht der ganzen Welt erhält,
unser König ist,
dessen Reich nicht ist von dieser Welt.«

Es gab rhythmische Sprechchöre, ein zweistimmig gesungenes
Wiegenlied, als Begleitung der Melodrame und Hirtenpantomi-
men ein Schlagwerk aus Pauken, Trommeln, Klingeln und Holz-
klappern. Der Dirigent und Korrepetitor des Theaters spielte auf
dem Harmonium, Stimmen und Geräusche kamen vom Tonband, ein hebräisches Zitat wurde durchs Megaphon geflüstert.
Brechts und Orffs Nähe war unverkennbar. Ich habe später Rainer Bredemeyer, einen in Trudering ansässigen Komponisten,
um die regelrechte Vertonung meines Mysteriums gebeten; es
kam nicht mehr dazu, weil Bredemeyer sein Tätigkeitsfeld, wie
vor ihm schon Peter Hacks, nach Ostberlin verlegte.
Die Uraufführung wurde ein Erfolg. Meine Eltern, die schon oft
im kleinen Lloyd (scherzhaft »Leukoplastbomber« genannt)
nach Memmingen gekommen waren, saßen in der ersten Reihe,
daneben Onkel Arnulf, Oberspielleiter vom Staatsschauspiel.

Zwischen aufgebauten Blumengestecken verneigte ich mich mit meinen Spielern, verwies auf sie. Im »Freßkorb«, den mein Onkel geschickt hatte, steckte ein Kärtlein, auf dem ich später las: »Lieber Herr Kollege! Ich kenne die Leiden solcher Tage. Stärken Sie sich, bitte!« Es kamen Glückwünsche über Glückwünsche. Ein Photo erinnert an meinen Triumph. Der theaterbegeisterte, treue Pfarrer Karl Kunze aus Kronburg, der auf die offene Bühne gestürmt war, strahlte übers ganze Gesicht, umklammerte meine Hand. Nur der Memminger Theaterkritiker, den ich zwar als Regisseur und Darsteller des Teufels überzeugt hatte, formulierte Vorbehalte gegen mein Stück. Da kam er aber bei der Memminger studentischen Jugend schlecht an. Angesichts der vielen Mißverständnisse, denen ich später in den Kreisen einer von der sogenannten Frankfurter Schule ins Bockshorn gejagten Generation ausgesetzt war, berührt es mich wie ein Märchen, daß damals, an der Jahreswende 1954 auf 1955, die Memminger akademische Jugend eine Podiumsdiskussion veranstaltete, um vor zahlreich erschienenem Publikum dem Kritiker, der kaum stichhaltige Argumente zu seiner Verteidigung vorzubringen wußte, ordentlich einzuheizen und meine Ehre als Schriftsteller zu retten.

# Die Weihnachtsfeier

Vor Jahren einmal reute es mich, daß ich in den Adventtagen mehrere Weihnachtsfeiern – wie man sagt – »gestalten« mußte! Trotzdem tröstete ich mich, brachte mir meine öde Tätigkeit doch auch einen Lichtblick: daß ich den kleinen Florian Fallner auf diese Feiern mitgenommen hatte. Ich kannte ihn von Trudering, meinem Wohnort her, wo ich ihn ein lustiges ländliches Gedicht, »Der Christbaumspitz«, auswendig aufsagen gehört hatte. Nicht eben erbaut von solchen Weihnachtsfeiern, wollte ich – widerspruchsvoll genug – dem Ortsverband Haidhausen des Vereins der Körperversehrten in meinem selbstverfaßten Vorspruch ein gelindes »Hirnbatzl« geben. Als ich vom Ersten Vorsitzenden Dungstich ein Bischofsgewand mit Mitra, Krummstab und Wattebart in die Hand gedrückt bekam, um in dieser Vermummung mein Gedicht aufzusagen, glaubte ich es eher mit einem Verein der Geistversehrten zu tun zu haben. Vergeblich trachtete ich, dem Herrn Ersten Vorsitzenden – von bürgerlichem Beruf Versicherungsangestellter – begreiflich zu machen, daß sich zum Inhalt des Vorspruchs kein Wattebart und röhrender Sprechton eines Märchenonkels schicke. »Sie müssen Ihre Stimme ja nicht verstellen«, beschwichtigte mich Dungstich. Daß ich dann schlechterdings nicht im Wattebart auftreten könne, gab ich zu bedenken. »Doch, doch, wir brauchen einen schönen Weihnachtsmann!!«, mischte sich, mit unüberhörbarem Tadel für mich, dem Herrn Ersten Vorsitzenden schmeichelrisch den Rücken stärkend, eine ältere Dame ins Gespräch, der die Ausschmückung des Saals mit lamettabehangenen Tannenzweigen oblag. »Wir haben jedes Jahr einen schönen Weihnachtsmann gehabt!«
Ich erspare mir eine Antwort, wie etwa, daß der Weihnachtsmann eine vom Broadway abgeschaute Umwandlung zur Kaufhausfigur erfahren habe, die im genauen Widerspruch zur Geburt des Heilands stehe. Ich schwankte auch zu antworten,

daß es sich allenfalls um den heiligen Nikolaus, Bischof von Myra, handeln könne, der, wie sein Name sagt, am Sankt-Niko-laus-Tag durch die verschneiten Straßen stapfe, während mit Weihnachten nichts anderes als das kleine Christkind übereinzu-bringen sei. »Dann lassen Sie meinetwegen den Bart weg, aber das Gewand müssen Sie anziehen! Ich habe nicht umsonst drei-ßig Mark Leihgebühr bezahlt!« schimpfte Dungstich. »Das kommt gar nicht in Frage!«

Ich gab nach und verkleidete mich als »Bischof«, ersparte mir aber den im übrigen ekelerregend von meinem Vorgänger beschmutzten Wattebart und den umständlichen Krummstab. Als ich mich vor meinem Auftritt im Spiegel betrachtete, mußte ich – anders als Florian, den ich von Trudering mitgebracht hatte – nicht ausgelassen, sondern spöttisch lachen. Das war, wozu die grell-billigen Farben der Kasel und die Schäbigkeit des Manipels ihr Teil beitrugen, wirklich ein lächerlicher Mummenschanz. Die Vorstellung, daß ich in so wohlfeiler Nachahmung, als »Bischof«, die Bühne betreten sollte, trieb mich in die Flucht aus diesen Gewändern. Der Umstand, daß ich daraufhin meine Vor-rede im dunklen Anzug sprach, bewog Dungstich zu einer Ent-schuldigungsfloskel gegenüber der Versammlung. Dann hielt er seine Rede, wurde hitziger und hitziger. Als die Zuhörerschaft bei den Worten: »Zum Gedenken an die gefallenen Kameraden, die ihr Blut für Volk und Vaterland auf dem Felde der Ehre freu-dig hingegeben haben« von ihren Plätzen aufsprang, erscholl aus dem Hintergrund (vom Tonband gespieltes) dröhnendes Glok-kengeläut und trommelfellzerreißendes Granatfeuer – pffft, pongg, pengg!! –, gleichzeitig krächzten die Geigen mißtönend das Lied vom guten Kameraden herunter. Nachdem sich alle wie-der gesetzt hatten, goß der Redner eine Sturzflut allgemeinver-ständlicher und doch nicht verstandener Redewendungen in den Saal, was nicht anders klang, als würde er die auf allen Tischen liegenden Speisenkarten mit dem Ausdruck heiligster Empfin-dung herunterlesen. Dann forderte er – immer noch mit feier-lichem Bibber in der Stimme – zu reger Beteiligung an der Tom-bola auf und ging mit stolzgeschwellter Brust seitwärts ab, nicht ohne sich mit der rechten Fußspitze in einem Elektrokabel zu verfangen. Er stolperte und wäre beinahe der Länge nach hingefallen, hätte er sich nicht im letzten Augenblick am Vorhang wieder in die Höhe gezogen.

Wie ausgehöhlt, dachte ich, waren, trotz des Unglücks dieser Menschen, ihre Redensarten! Sie taten, als gäbe es außer der Häßlichkeit der Maschinensäle, der Bürotürme und des Geldes keinen Wert. Wie erfrischend, erinnerte ich mich, als ich nachts durch den Schnee nach Trudering stapfte, gleich dem rettenden Biß in einen rassen Rettich, wenn einem der Mund von Süßigkeiten pappt, war auf derselben Feier das von Florian Fallner in reinem Truderinger Bayrisch aufgesagte Gedicht vom »Christbaumspitz« gewesen! Wiewohl zweimal geleimt, sprang dieser Christbaumspitz an der Wärme der brennenden Kerzen im feierlichsten Augenblick heftig knallend entzwei. Das war ein zweifach hausgemachtes Weihnachten. Ich schmunzelte noch immer, als Florian mit über die Ohren gezogener Pudelmütze in sternklarer Nacht zwischen mir und seinem Vater heimwärtsstapfte. Heimwärts, wo es keine Weihnachtsfeiern gab, nur einen Heiligen Abend.

# Ihr Kinderlein, kommet

Wie der Volksdichter Christoph von Schmid
sein Krippenlied schuf

> Wenn ihr nicht umkehrt und
> werdet wie die Kinder,
> so werdet ihr nicht in das
> Himmelreich eingehen.
>
> Matthäus 18,3

Der alte christliche Brauch, in Kirchen und Häusern die Geburt Jesu als »Krippe« figürlich darzustellen, geht schon auf die erste Hälfte des fünften Jahrhunderts zurück, als Papst Sixtus III. in Rom eine Kapelle erbaute, die er der Darstellung des Weihnachtsgeschehens vorbehielt. Am Weihnachtstag 1223 stellte der heilige Franziskus in eine Höhle bei Greccio eine Futterkrippe und daneben einen lebendigen Ochsen und einen Esel. Als erste eigentliche Krippe wird 1562 diejenige der Prager Jesuitenkirche erwähnt, so bezeichnet nach der Futterkrippe, in der Gott-Sohn, der Ärmste der Armen, lag. Als Antwort auf die Verbegrifflichungen der modernen Welt förderte dann das Konzil von Trient ausdrücklich die bildliche Darstellung der Heilsgeheimnisse.

Ein langes Herkommen hat der Krippenbau in Schwaben. Um 1620 fertigte der Augsburger Goldschmied Abraham Lotter – wieder für die Prager Jesuiten – ein »silbernes Bethlehem«, die wohl früheste erhaltene Krippendarstellung. Dieses Augsburger Silberaltärchen, im Besitz der Krippenabteilung des Bayerischen Nationalmuseums, wurde auf der Weltausstellung 1967 in Montreal gezeigt. Es ist am 16. Oktober aus dem unzureichend gesicherten »Deutschen Pavillon« entwendet worden und seither verschollen.

Noch im siebzehnten Jahrhundert entstand die große Mindelheimer Jesuitenkrippe. Und von jetzt an wurde eine geschichtliche Entwicklung auf unerwartete Weise gefördert: In den Hunger- und Pestjahren des Dreißigjährigen Krieges waren viele mittelschwäbische Dörfer so gut wie ausgestorben. Tiroler Siedler folgten dem Ruf der Habsburger Herren in die Markgrafschaft

106

Burgau. Durch diese Tiroler Einwanderungswelle zwischen 1646 und 1650 wurde auf den Bauernhöfen das Krippenschaffen mächtig angeregt. Die Krippe wurde heimisch im Günz-, Mindel- und Kammeltal, in Günzburg, Ichenhausen, Weißenhorn und Krumbach, einem geschlossenen vorderösterreichischen Bezirk. Die damals schon kurbayerischen Lande um Türkheim, Wörishofen und Mindelheim standen im Krippenbau nicht nach.

Das mag für den 1791 als dreiundzwanzigjährigen Kaplan im Pfarrhof von Nassenbeuren bei Mindelheim eingetroffenen Christoph von Schmid eine mächtige Anregung gewesen sein. In der Wallfahrtskapelle Maria Schnee lesen wir es genauer. Diese Kapelle, mit üppig gedrechselten Säulen und rankenreichem Schnitzwerk ausgestattet, alles schwer vergoldet, war im Jahr 1971 von Kirchendieben heimgesucht und mehrerer seiner schönsten Skulpturen beraubt worden. Damals gingen die Worte der in dieser Kirche angebrachten Gedenktafel um die Welt: »Christoph von Schmid, geboren am 15. August 1768 in Dinkelsbühl, in Pfaffenhausen zum Priester geweiht 1791, war von 1791 bis 1795 Kaplan in Nassenbeuren. Hier entstand sein inniges Weihnachtslied: ›Ihr Kinderlein, kommet.‹«

Der alte Pfarrhof steht nicht mehr; er wurde 1796 abgebrochen, ein Jahr, nachdem Christoph von Schmid ausgezogen und als Kaplan ins allgäuische Seeg bei Füssen übersiedelt war. (Von dort sollte er als Benefiziat und Schuldirektor ins Graf Stadionsche Dorf Thannhausen an der Mindel wechseln). Wir können annehmen, daß der heute noch bestehende Nassenbeurer Pfarrhof aus dem Jahr 1796 dem Vorgängerbau sehr ähnlich ist, mauerschwer, mit Mansardwalmdach, Schleppgauben, vielen gesproßten Fenstern und lindgrünen Jalousieläden. Schon hier in diesem Haus zeigte sich Christoph von Schmid seines Lehrers, des Dillinger Universitätsprofessors Johann Michael Sailer, würdig. Der spätere Regensburger Bischof hatte seinen Lieblingsschüler, der ohnehin lateinisch, aber auch hebräisch und griechisch las und sprach, einmal »Du Krone meiner Bemühungen« genannt. An einem Dezembertag 1793 schrieb der junge Nassenbeurer Ka-

plan in sein Tagebuch: »Sechs Uhr erwacht. Bis zum Aufstehen Thomas [van Kempen, Die Nachfolge Christi]. Das allmählige Tagwerden auf dem Lande hat etwas Angenehmes. Zuerst hört man den Hahnenruf, dann ertönt die Gebetglocke, hierauf beginnt das Dreschen. Heute sah ich dahier das erstemal das ganze Land in blendendes Weiß gekleidet. Ich erinnerte mich lebhaft meiner Kinderjahre. Welch frohe Mär, welche Freude war der erste Schnee! Wie oft gingen wir des Morgens ans Fenster, um zu sehen, obs nicht geschneit. Armselige Kleinigkeiten, die ich da herschreibe. Doch eben dies macht die Seligkeit der Kindheit und Einfalt aus, an jeder Kleinigkeit Freude zu haben . . . «
Hier in diesem Haus also verfaßte Schmid in einer glücklichen Stunde, getragen von dem im Tagebuch angeklungenen Zauber der Vorweihnachtszeit, seine Strophen »Die Kinder bey der Krippe«. Manche Erinnerung an Kindheitserlebnisse in Dinkelsbühl, wo sein Vater »domkapitelischer« Aktuar gewesen war, mag ihm dabei in die Feder geflossen sein, der allgegenwärtige Geist des Schwäbischen Krippenparadieses mag ihn mächtig ergriffen haben.
Viele Kinder- und Jugendbücher sollte Christoph von Schmid noch schreiben, keineswegs nur fachlich religiösen Inhalts wie die sechsbändige »Biblische Geschichte für Kinder« (München 1801), die »Christlichen Gesänge zur öffentlichen Gottesverehrung« (Augsburg 1807), denen das bekannte Lied »Beim letzten Abendmahle« entstammt, oder den »Kleinen katholischen Katechismus nach Petrus Canisius« (München 1810), er sollte vielmehr zu einem der beliebtesten, an Lessing, Herder, Goethe und Matthias Claudius geschulten Erzähler seiner Zeit werden. In der Landshuter Universitätsbuchhandlung Krüll wurden seine erfolgreichsten Bücher verlegt, bereits 1816 eine Vorwegnahme von Adalbert Stifters »Bunten Steinen«, die Erzählung zum Ostergeschenk für Kinder: »Die Ostereyer«. Immer wieder bezieht er sich auf diesen ersten großen Erfolg, der heute in den Lexika gewürdigt wird, weist im Untertitel aller nachfolgenden Werke darauf hin: »Von dem Verfasser der Ostereyer«, so in dem 1817 ebenfalls bei Krüll in Landshut erschienenen Band »Wie

Heinrich von Eichenfels zur Erkenntnis Gottes kam – eine Erzählung für Kinder und Kinderfreunde«. Ebenfalls bei Krüll erschienen 1821–1829 in vier aufeinanderfolgenden Bändchen »Erzählungen für Kinderfreunde«: »Der Kanarienvogel, das Johanniskäferchen, die Waldkapelle« (Der Leser denkt gleich an Maria Schnee), »das Täubchen, das verlorene Kind, das Lämmchen, Gottfried, der junge Einsiedler«: alles in allem ein biedermeierliches Boukett. Gleichfalls bei Krüll kam 1834 heraus: »Das Blumenkörbchen – Eine Erzählung, dem blühenden Alter gewidmet von dem Verfasser der Ostereyer«. Und wieder bei Krüll im Jahr 1825: »Der Weihnachtsabend – Eine Erzählung zum Weihnachtsgeschenke für Kinder«.

Auch das 1794 in Nassenbeuren entstandene Gedicht »Die Kinder bey der Krippe« schlägt Schmid einem Buche zu. Erstmals fügt er es 1811 der zweiten Augsburger Auflage seiner »Christlichen Gesänge zur öffentlichen Gottesverehrung« ein, dann dem 1819 bei Krüll in Landshut erschienenen Buch »Blühten, dem blühenden Alter gewidmet von dem Verfasser der Ostereyer«.

Aus gutem Grund wurde bisher immer von einem Gedicht gesprochen, denn zum Lied war es noch weit. Heute möchte man annehmen, ein und derselbe Geist habe Wort und Weise des uns vertrauten Liedes geschaffen, so innig stimmen sie überein; in Wahrheit hat unser Lied aber drei »Väter«, die einander nie begegnet sind.

Den Nassenbeurer Kaplan, Thannhäuser Benefiziaten und späteren Pfarrer von Oberstadion machten seine pädagogischen Schriften und Jugendbücher weit über Schwaben und Bayern hinaus bekannt. Clemens Brentano erwies ihm seine Ehrerbietung, Friedrich Rückert nannte ihn genial, der Münchner Philosoph Schelling nahm den damals beschwerlichen Weg nach Augsburg auf sich, um eine halbe Nacht mit dem »Verfasser der Ostereyer« Gedanken auszutauschen, König Ludwig I. von Bayern schrieb ihm begeisterte Briefe, Adalbert Stifter schätzte ihn so hoch, daß er in seinem Aufsatz »Die Kunstschule« schrieb: »Wer hat nicht etwa auch schon ein Buch gelesen, in welchem der

Dichter in einfachen Worten eine Geschichte erzählt, die ihm seine Einbildungskraft und sein Herz eingegeben haben, und die den Leser bis zu Tränen rührte, die ihn besser machte, und die, wenn der Eindruck öfter und dauernder gewesen wäre, den wohltätigsten Einfluß auf sein Leben gehabt hätte? . . . Sehr viel Verdienst hat hierin ein verehrter Mann, Christoph Schmid, der Geschichten für die Kinder und das Volk geschrieben hat, sehr schöne Geschichten, zu denen sich die Kinder mit Inbrunst drängen, und die nicht nur sie, sondern auch Erwachsene mit heißen Tränen und mit heiligen Gefühlen lesen.«

Auch der Gütersloher Lehrer Friedrich Eickhoff kannte und schätzte die Werke des Michael-Sailer-Schülers, besaß Schmids »Blühten«. An einem kalten Abend im Advent 1829 bereitete er sich auf die nächsten Unterrichtsstunden vor. Er saß am warmen Ofen in der Wohnstube seines Hausherrn, des Kaufmanns Barth, und las. Denzels »Erziehungslehre« empfahl damals den Schulmeistern eben jenes in Nassenbeuren entstandene Weihnachtsgedicht »Die Kinder bei der Krippe« mit der Anfangszeile »Ihr Kinderlein, kommet« zur Verwendung im Religionsunterricht. Der Lehrer sinnierte: »Wenn die Kinder das Gedicht nun singen könnten?« Eickhoff spielte wie viele Lehrer seiner Zeit (und mancherorts noch in unseren Tagen) die Orgel der Pfarrkirche. Der Gedanke, aus dem Gedicht »Ihr Kinderlein, kommet« kurzerhand ein Lied zu machen, ließ ihn nicht mehr los. Er stöberte unter Notenstößen und zog schließlich ein Blatt des Musikers Johann Peter Abraham Schulz hervor, dessen Weise überraschend genau zum Versmaß des Weihnachtsgedichtes von Schmid paßte. Johann Peter Abraham Schulz (1747 in Lüneburg geboren), dessen »Melodien nicht bloß sinngemäße Musik liefern, sondern auch Stimmungsgehalt besitzen« – wie Hans Joachim Moser in seiner »Geschichte der deutschen Musik« urteilt –, hatte zuletzt als Komponist und Hofkapellmeister in Kopenhagen gewirkt. Unter den nachgelassenen Papieren des 1800 Verstorbenen, die Eickhoff zur Verfügung standen, fand sich also die Vertonung des Frühlingsliedes »Morgen im Lenze« aus dem Jahr 1795, die, zumal sich die Anfangszeile »Wie rei-

zend, wie wonnig ist alles umher« mit Schmids 1794 entstandenen Worten deckt, geradezu so wirkt, als sei sie für das Nassenbeurer Weihnachtslied erfunden worden.

Schon wenige Tage später, nachdem Eickhoff Schmids Worte mit der Weise von Schulz verbunden hatte, sang eine Mädchenklasse in dem winzigen Fachwerkschulhaus von Gütersloh zum ersten Mal das Lied »Ihr Kinderlein, kommet«. So entstand also im Jahre 1829 ein Weihnachtslied mit nicht weniger als drei Vätern: dem Dichter, dem Komponisten und dem Schulmeister.

Nicht mehr lange, so wurde das Lied weithin bekannt, ja berühmt. 1833 nahm der Verleger Carl Bertelsmann, dessen Tochter Friedrich Eickhoffs Ehegattin geworden war, das Lied in ein Buch auf, von dem er sich mit Recht einen guten Erfolg versprach. Unter dem Titel »Sechzig Lieder für dreißig Pfennig« kam es in die Buchhandlungen und fand schon in fünf Jahren 25000 Käufer. Seinen eigentlichen Siegeszug trat das Lied aber an, als ein Freund Eickhoffs, der westfälische Pfarrer Heinrich Volkenring, es in sein Liederbuch »Die Missionsharfe« aufnahm. Die »Missionsharfe« fand in riesiger Auflage Eingang in unzählige Familien des In- und Auslandes. Gegen solche Verbreitung hatten zwei weitere Vertonungen keine Aussicht auf Erfolg: weder der im »Neuen Volks-Lieder-Buch, Kempten 1830« erschienene dreistimmige Satz von Matthias Waldhoer noch die 1837 in Regensburg veröffentlichte eingängige »Gesangsweise mit Clavierbegleitung« von Franz Xaver Luft.

Das in Bayerisch-Schwaben erdachte Lied, dessen Melodie in Kopenhagen entstand und das schließlich 1829 in Gütersloh zum ersten Mal erklang, machte seinen Weg in alle Kinderstuben bis auf den heutigen Tag. Wie das in vierundzwanzig Sprachen übertragene erzählerische Werk Schmids wurde auch sein Lied »Ihr Kinderlein, kommet« übersetzt und in anderen Ländern nach der uns geläufigen Melodie gesungen, so in Spanien und Lateinamerika.

Der Dichter fand des Staunens kein Ende, als er im Greisenalter den Welterfolg seines Gedichtes, das ursprünglich gar nicht zum

Lied bestimmt gewesen war, noch miterleben konnte. Als stadtbekannter Domkapitular von Augsburg, der den höchsten bayerischen Orden, den Zivilverdienstorden der königlich bayerischen Krone, trug, mit dem der persönliche Adel verbunden war, starb er am 3. September 1854 als Opfer der damals wütenden Cholera-Epidemie. Sein Weihnachtslied bezaubert die Kinderherzen durch die große Anschaulichkeit der ersten drei Strophen, nicht minder durch seine Melodie, die leicht ins Ohr geht und darum schnell erlernt wird. Sie hat etwas Strahlendes: man kann sie eigentlich nur bei leuchtenden Weihnachtskerzen singen.

Auch wo die Sitte des Krippenbaus nicht geübt wird, hat sich das Lied »Ihr Kinderlein, kommet« als Gesang zur Bescherung eingebürgert. Es wird auch noch in Häusern, wo aus »Kinderlein« längst Kinder geworden sind, selbst, wo es keine Kinder mehr gibt, eifrig gesungen. So bewahrheitet sich, daß zu Weihnachten die Alten wieder »werden wie die Kinder«.

Auch in meinem Elternhaus – dies darf aus der Erinnerung des Verfassers nachgetragen werden – haben wir, so weit ich mich zurückerinnern kann, dieses Lied gesungen, 1927, 1928 und all die folgenden Jahre. Als ich dann mit einer Ehegattin im eigenen Haus und mit eigenen Kindern lebte, in einem ausgedienten alten Schulhaus, haben wir uns auf unsere harte Bauernbank gesetzt, haben die Kinder auf den Schoß genommen, haben in das leuchtende Hirtenfeuer der Krippe gedeutet und unseren Kindern, deren Augen widerleuchteten, das uralte Lied des braven Christoph von Schmid ins Ohr gesungen.

# Die Kinder bey der Krippe

1.
Ihr Kinderlein kommet, o kommet doch all'!
Zur Krippe her kommet in Bethlehems Stall,
Und seht, was in dieser hochheiligen Nacht
Der Vater im Himmel für Freude uns macht.

2.
O seht in der Krippe, im nächtlichen Stall,
Seht hier bey des Lichtleins hellglänzendem Strahl,
In reinlichen Windeln das himmlische Kind,
Viel schöner und holder als Engel es sind.

3.
Da liegt es, das Kindlein, auf Heu und auf Stroh,
Maria und Josef betrachten es froh;
Die redlichen Hirten knien bethend davor,
Hoch oben schwebt jubelnd der Engelein Chor.

4.
Manch Hirtenkind trägt wohl mit freudigem Sinn,
Milch Butter und Honig nach Bethlehem hin.
Ein Körblein voll Früchte, das purpurroth glänzt,
Ein Schnee-weißes Lämmchen mit Blumen bekränzt.

5.
O bethet: Du liebes, Du göttliches Kind
Was leidest Du alles für unsere Sünd'!
Ach hier in der Krippe schon Armuth und Noth,
Am Kreuze dort gar noch den bitteren Tod.

6.
O beugt wie die Hirten anbethend die Knie
Erhebet die Händlein und danket wie sie!
Stimmt freudig, ihr Kinder, wer sollt sich nicht freun,
Stimmt freudig zum Jubel der Engel mit ein!

7.
Was geben wir Kinder, was schenken wir Dir,
Du Bestes und Liebstes der Kinder dafür?
Nichts willst Du von Schätzen und Freuden der Welt –
Ein Herz nur voll Unschuld allein Dir gefällt.

8.
So nimm unsre Herzen zum Opfer denn hin;
Wir geben sie gerne mit fröhlichem Sinn –
Und mache sie heilig und selig wie Dein's,
Und mach sie auf ewig mit Deinem nur Eins.

Faksimile der Handschrift von Christoph von Schmid

# Sankt Stephanus oder Stefanitag

Es ist nicht vom »zweiten Weihnachtsfeiertag« die Rede, sondern vom Tag, an dem die Kirche ihres ersten Blutzeugen gedenkt, vom Tag eines erlauchten Heiligen, unter dessen Schutz die drei Donauländer Bayern, Österreich und Ungarn stehen. Das Passauer Stephans-Bistum reichte bis Wien und Esztergom. Der erste Blutzeuge, dem die Dome von Passau, Wien und Esztergom-Gran gebaut wurden, müßte in Bayern, von dem sein Ruhm ausging, wieder blutrot als »Stephan« im Kalender stehen dürfen. Thomas Weydesser findet in seinen Festpredigten von 1781, Stephan sei nach seinem Lebenswandel »Jesu Christo sehr ähnlich«:

»*Ierusalem, Ierusalem, quae occidis Prophetas, et lapidas eos, qui ad te missi sunt.* Matth. 23, 27.
*Jerusalem, Jerusalem, die du tödtest die Propheten, und steinigest, die zu dir gesandt sind.*
Kaum haben wir uns zu Bethlehem bey der Krippe unsers Herrn und Königs eingefunden; so werden wir schon nach Jerusalem auf den Kampfplatz seines Knechtes und Soldatens berufen. Kaum haben wir auf den Fluren Bethlehems die Engel singen gehöret; so müssen wir schon zwischen den Mauern Jerusalems die Juden mit ihren Zähnen kirren hören. Kaum hat man zu Bethlehem den Frieden ausgerufen, und die Luft mit englischen Stimmen ertönen lassen: *Ehre sey Gott in der Höhe, und Friede auf Erden, den Menschen, die eines guten Willens sind.* Luc. 2, 14. so wird schon zu Jerusalem ein blutiger Krieg angekündiget: *Sie schryen mit lauter Stimme, hielten ihre Ohren zu, und stürmeten einmüthiglich wider ihn.* Apostelg. 7, 56. Kaum hat man zu Bethlehem ein angenehmes Freudengeschrey erweget, und von dem Engel des Herrn die erfreuliche Nachricht erhalten: *Sehet, ich bringe euch große Freude, die allem Volke widerfahren wird.* Luc. 2, 10. so muß man schon zu Jerusalem ein klägliches Jammern hören, und von dem Herrn selbst diese traurige Worte verneh-

men: *Jerusalem, Jerusalem, die du tödtest die Propheten, und steinigest die zu dir gesandt sind.* Kaum hat man uns in dem Stalle Bethlehems den neugebornen Jesus gezeiget; so stellet man uns schon in dem Thale Josaphat an dem Bache Cedron zwischen dem Oelberge und der Stadt Jerusalem den zu Tode gesteinigten Stephanus vor die Augen. O! edle Braut des Herrn, heilige Kirche Gottes, was thust du? wir haben den jungfräulichen Sohn der jungfräulichen Mutter noch in unseren Händen. Die Jungfrau führet uns zu der Krippe ihres göttlichen Kindes unsers Heilandes; die schönste unter allen Töchtern zeiget uns den schönsten unter allen Menschenkindern; die Gebenedeyte unter den Weibern läßt uns den Gebenedeyten unter den Menschen sehen; und du zeigest uns heute den ersten glorwürdigen Kämpfer und Blutzeugen deines Bräutigams Jesu Christi, einen heiligen Stephanus.

Jesus Christus, der schon nach seiner Auferstehung von den Todten gen Himmel gefahren war, und auf dem Throne der Gottheit zur Rechten seines Vaters saß, wurde noch in seiner geliebten Braut, die er auf Erden zurücke gelassen hatte, nämlich in seiner Kirche, von dem Saulus, nunmehro Paulus, auf eine so grausame Art verfolget, daß er selbst von dem Himmel herunter rief: *Saule, Saule, was verfolgest du mich?* Apostelg. 9, 4.

Und von dieser Verfolgung hat Stephanus Christum erlöset, indem er, nach dem Ausspruche des heil. Augustinus, durch sein Gebet den Paulus bekehret hat. Nun saget mir einmal, meine Christen, ob ich Unrecht habe, wenn ich sage, der heilige Stephanus wäre der andere Christus? Hat er nicht den Herrn Jesum Christum angezogen? Hat er nicht seine Tugenden an sich genommen? Hat er ihn nicht im Leben und im Leiden auf das lebhafteste ausgedrücket? Und muß ihm nicht dieses zu einem ganz besonderem Lobe gereichen? Denn was kann wohl löblicher, rühmlicher, heiliger, vollkommener und herrlicher seyn, als denjenigen in den Sitten und in dem Wandel recht lebhaft entwerfen, der ein ausgemachtes Muster aller Heiligkeit, aller Vollkommenheit und der Gegenstand aller Herrlichkeit, ja die Heiligkeit, die Vollkommenheit, und die Herrlichkeit selbst ist.«

(Thomas Weydesser, Festpredigten, Erster Teil, Breslau 1781)

# Sprachfehler um den Weihnachts- glauben und darüber hinaus

Seit unsere deutsche Muttersprache im kirchlichen Gebrauch an Gewicht gewann, seit Synoden und ökumenische Gremien soge- nannte Einheitsübersetzungen erarbeiteten, mehrten sich auch die sprachlichen Fälschungen. Sie muten häufig wie Verbeugun- gen vor Alltag und Zeitgeist an, scheinen jedenfalls einem eifer- vollen Modernismus entsprungen zu sein, dem zuliebe man oft auch sinnverfälschende Übersetzungen in Kauf nahm. Dabei wäre die Kirche als das ganz Andere zu begreifen, als das einzige, das uns hoffen läßt, als das einzige, das die Zeiten überdauert, als ein Übergeordnetes, in das man eintritt wie in ein göttliches Kunstwerk.

Da gibt es den wunderschönen, um nicht zu sagen: feierlichen Vers: »Dieser ist mein geliebter Sohn, an dem ich mein Wohlge- fallen habe« (Matthäus 3,17 und 17,5; Zweiter Petrusbrief 1,17). Ähnlich sprechen Markus (1,11) und Lukas (3,22): »Du bist mein geliebter Sohn, an dir habe ich mein Wohlgefallen«. Man wich stattdessen auf eine sinnverfälschende Übersetzung aus: »Du bist mein lieber Sohn, an dem ich Gefallen gefunden (!) habe.« Weil sich nur die stehende Redewendung »Gefallen an etwas *gefunden* haben« anbot, nahm der Modernist lieber die fal- sche Übersetzung in Kauf (denn an seinem Sohn *findet* Gottvater nicht erst Gefallen, sondern *hat* es), als beim althergebrachten »Wohlgefallen« zu bleiben.

»Vater unser, der du bist.« In seinem Sonettenzyklus »Vater unser«, der im Jahr 1947, gleichsam als »Aufarbeitung« der Schrecken des Zweiten Weltkriegs, entstand, widmete Joseph Maria Lutz eines seiner schönsten Gedichte den drei Wörtern »der du bist«, die eine Bekräftigung sind, eine Beschwörung, ein Stoßgebet, tröstlich, für sich schon heilig – und nun achtlos bei- seitegeworfen. Jesus Christus hat uns diese Worte vorgespro- chen. Im griechischen Urtext heißen sie **Πάτερ ἡμῶν ὁ ἐν** ⸢**τοῖς οὐρανοῖς**⸣· und nach der sinngemäßen Übersetzung des

Matthäus-Evangeliums: »Vater unser, *der ist* (in den Himmeln)!«
In der lateinischen Kirchensprache heißen sie – schlüssiger, weil
das ganze Gebet in der zweiten Person gehalten ist – *»qui es«* (der
du bist). In den Übersetzungen *»qui sei«* (der du bist, italienisch),
*»qui est* (aux cieux)« (der ist in den Himmeln, französisch), *»who
art«* (der Ihr seid, englisch) – überall sind sie erhalten geblieben,
gehören zur Essenz. War die tabula rasa des Kriegsendes oder
war eine gewisse Schäbigkeit der Nachkriegsentwicklung schuld
daran, daß die deutschen (bloß die deutschen!) Liturgietext-
Reformer (in der Einheitsübersetzung von 1979) dem hastigen
Gegenwartsmenschen einen Zeitgewinn von drei Wörtern ver-
schaffen zu müssen glaubten und mit der Spreu auch den Weizen
selbst zum Kehricht warfen? (Sofern man bei einer durch zwei
Jahrtausende gesprochenen tröstenden Bekräftigung des Glaubens von »Spreu« sprechen kann!). Waren daran allein die
Sprachreformer schuld, nicht etwa auch die deutschen Bischöfe?
Die *Frau*, als Gegenstück des *Herrn*, wurde in unseren Tagen zur
»Dame« aufgewertet, das *Weib*, dem der *Mann* entspricht, zur
Frau »angehoben«, das Weib selbst sank zum Schimpfwort ab,
und man muß hinfort schon ein Poet oder ein Bayer sein, um es
noch – wie König Ludwig der Erste in den Briefen an sein Ehe-
weib – liebevoll in den Mund zu nehmen. *Weib* und *Frau*. Daß
man nicht eines für das andere sagen kann, wird bei den Adjek-
tiven erkennbar: *weiblich* und *fraulich*. Das eine ist ein
Geschlechtsbegriff, das andere ein gesellschaftlicher Begriff. Es
gibt keine Kultursprache, die nicht ein Wort für die Gattin
(Weib, wife, femme) und ein anderes für die Frau als Herrin
kennt (Miß, Lady, Madame, la dame). Wer das Wort »Weib«
nicht mehr oder nur noch im verächtlichen Sinn auszusprechen
wagt, weil es verkommenen Menschen auch als Schimpfwort
dient, sündigt wider den Geist der Sprache und sollte auch gleich
das Wort »weiblich« aus seinem Wortschatz streichen. Man muß
sich nur zur Quelle der Sprache hinabbeugen, um zu wissen, daß
die »Dirn«, der »Bub« und das »Weib« Sprache sind, freilich
kein bundesrepublikanischer Umgangston.

122

Die Vereinheitlichung und Anpassung an das, was man »Zeit-geist« nennt, ging im Ave Maria wieder einmal zu Lasten des Südens, wo ein »teures Weib«, ein »geliebtes Weib« und auch ein »gebenedeites Weib« nimmer Anlaß zu Mißverständnissen geben. Im Französischen erregt mit einer femme (von feminin – weiblich) niemand Anstoß. Es bleibt dabei, daß man wohl von einem weiblichen Geschlecht, aber nicht von einem »fraulichen Geschlecht« sprechen kann. Nicht anders als in diesem Sinn ist das »Weib« gemeint, das »gebenedeit ist unter den Weibern« (eine statuarische Gebetsformel, die keiner Übersetzung bedarf); dieses »Weib« unterscheidet sich von den *Männern*, kei-neswegs von den Herren. Ebenso bezeichnend die »Frau« nicht das Geschlecht, sondern die Zugehörigkeit zu einer Schicht, der Maria, die Magd, bestimmt nie angehört hat. Etwas anderes ist die Liebe Frau, Unsere Liebe Frau! Dieser Name deutet an, daß hier eine Herrin gemeint ist, nämlich die Mutter des Herrn der Welt. Jesus Christus ist nicht »Mann der Welt«, sondern Herr der Welt! Die Herrin ist eine Frau (mittelhochdeutsch »vrouwe«), was sie aber nicht hindert, *wip* oder *wib*, auf jeden Fall »Weib unter Weibern« zu sein.

Wenden wir uns dem Matthäus-Evangelium zu, Kapitel 17, Vers 18, Einheitsübersetzung: »Der Dämon verließ den Jungen, und der Junge war von diesem Augenblick an geheilt.« Das ist Dia-lekt, wie man ihn dem Süden in einem schriftsprachlichen Text nie durchgehen ließe: Der Junge ist das Gegenteil des Alten und nichts weiter. Auf richtig deutsch heißt das männliche Kind »Knabe«. (Man spricht von einer »Knabenschule« oder von einer »Knabenrealschule«.) Übrigens: Um wievieles schöner wäre statt der platten Alltagssprache das »Sonntagsgewand« der geheiligten Texte: »Der Knabe wurde gesund von jener Stunde an.« Das Hervorgehobene wird vorangestellt.

Es läuft ein Graben durch den deutschen Sprachraum. Wie käme es sonst, daß man *Seraphim*, *Cherubim* und *Elisabeth* in dem aus pro-nördlichen Mehrheitsverhältnissen hervorgegangenen »Gotteslob«: »Serafim«, »Kerubim« und »Elisabet« schreibt? Auch in der Einheitsübersetzung liest man jetzt »Elisabet«, als ob es nur um die sicherlich richtigere Übertragung aus dem Hebräischen ginge. Elisabeth ist noch immer einer der häufigsten Mädchennamen – den man »Elisabeth« schreibt. Oder gilt das nur noch für Bayern und Österreich? Auch der Thron wird ja noch mit th geschrieben. Und warum eigentlich sollte die Kirche an der Spitze der Orthographie-Revolutionäre marschieren?

Dreizehn schlägts, wenn der Evangelist Matthäus zum rachitischen »Mattäus« ausgedünnt wird und sowohl der Apostel als der nach ihm benannte Kaiser Matthias zum »Mattias«. Den verbreiteten Vornamen müßten die Bayern dann Ias abkürzen statt Hias. Der bedeutende impressionistische Erdinger Maler Hiasl Maier hieße dann Iasl Maier.

Das Partizip Präsens des Verbums »leben« heißt *lebend,* wie »gehen« – *gehend,* »stehen« – *stehend.* Als Adjektiv und Gegenteil von *tot* hat man stets *lebendig* gesagt. Jesus Christus wird kommen, »zu richten die Lebendigen und die Toten«. Die »Lebendigen« werden auf der zweiten Silbe betont, die »Lebenden« verschlampen zu »Lemden«.

Am zweiten Advent gesteht Johannes der Täufer, er sei nicht würdig, dem, der nach ihm kommen soll, die Schuhriemen aufzulösen (welches Bild!), ist weit von der Plattheit entfernt, »ihm die Schuhe anzuziehen«.

Der Engel des Lukas-Evangeliums, der Weihnachtsengel, *sagte* nicht zu den Hirten, sondern *sprach.* Der Bedeutung dessen, was der Weihnachtsengel zu berichten hat, ist einzig das Wort »sprechen« angemessen. Der Engel *sprach* zu den Hirten: »Fürchtet euch nicht«... Sogar der dörfliche Gemeinderat »sagt« nichts in einer wichtigen Angelegenheit, er »spricht«.

Warum in den Wandlungsworten aus *multis* »omnibus« geworden sind, aus *vielen* »alle«, begreift ohnehin kein Sterblicher. Das ist eindeutig ein übersetzerisches Falsifikat. Und so weiter.

Folgerung: Man muß nicht alles auf einmal ändern. Sonst treibt man einen Großteil der Gläubigen in das »Nun erst recht«-Beharren, aus dem allzuleicht Erstarrung wird.

# Die unschuldigen Kinder

Da erfüllte sich das Wort des Propheten
Jeremias, der da gesagt hat:
In Rama wird Klage laut,
Viel Weinen und Wehgeschrei:
Rachel weint um ihre Kinder
Und will sich nicht trösten lassen,
Weil sie nicht mehr sind.

Matthäus 2, 16–18

In einem Vorort Münchens war eine Frau früh am Abend zur
Ruhe gegangen. Sie hatte in der Küche noch schnell das Kalenderblatt vom 28. Dezember abgerissen und war dann todmüde
ins Bett gesunken. Die Frau und ihr Mann hatten getrennte
Schlafzimmer. Sie wohnten in einem gepflegten Einfamilienhaus
mitten im Grün. Beide waren berufstätig. Nach den strapaziösen
Feiertagen hatten sie gestern und heute wieder gearbeitet, im Ver-
waltungsgebäude eines Automobilkonzerns am Frankfurter
Ring, er als Abteilungsleiter, sie im Vorzimmer des Chefs. Viele
Kollegen hatten Urlaub genommen und fehlten. Der Arbeitstag,
besonders heute, war für die Gebliebenen aufreibend gewesen.
Abends lief im Fernseher kein ansprechendes Programm; so
hatte man sich recht frühzeitig zur Ruhe begeben.
Der Schlaf war schnell gekommen. Doch nach wenigen Minuten
wurde die Frau aus dem Schlummer gerissen. Glocken läuteten.
Kirchenglocken. Und nicht einmal nur die der nahen Herz-Jesu-
Kirche, sondern – das konnte die beunruhigte Frau, die im rasch
um die Schultern gelegten Morgenmantel auf den Balkon getreten war, deutlich hören – alle Kirchenglocken fern und nah.
Die Frau war nicht eben religiös. Obwohl getauft, kam sie selten
in das Haus Gottes. Doch der Schall der Kirchenglocken machte
sie auf einmal schwach. Buchstäblich knickten ihr die Knie ein,
das Blut wich ihr aus der Stirn. Sie tastete sich zum Lager zurück

und sank stöhnend nieder. Fast wäre sie schon auf dem Weg dorthin zusammengebrochen.

Auf dem vor einer halben Stunde abgerissenen Kalenderblatt war unter der dicken, trauerschwarzen Ziffer 28 ganz klein zu lesen gewesen: Unschuldige Kinder. Nach der Überlieferung ließ König Herodes, dem die Weisen (oder Sterndeuter) von einem in Bethlehem geborenen König der Juden erzählt hatten, an diesem Tag alle bethlehemischen Knäblein bis zu einem Alter von zwei Jahren ermorden. Nur so glaubte er sich seines vermeintlichen Nebenbuhlers entledigen zu können. Die unschuldigen Kinder von Bethlehem, deren grausiger Tod unzählige Male bildlich dargestellt worden ist, eröffnen die lange Reihe christlicher Martyrer.

Das Geglitzer der Weihnachtstage kann darüber nicht hinwegtäuschen: Zweitausend Jahre später stieg die Zahl der im Schoß ihrer Mütter getöteten Kinder so beängstigend an, daß sie das bethlehemische Opfer um ein Millionenfaches übertraf. Deshalb entschlossen sich die deutschen Bischöfe, erstmals 1989 am Tag der unschuldigen Kinder, alle Kirchenglocken läuten zu lassen und so auf dieses Unrecht hinzuweisen.

Das war in den Rundfunk- und Fernsehnachrichten gemeldet worden; sogar die Zeitungen hatten, mehrheitlich freilich mit abschätzigen Kommentaren, darüber berichtet. Auch in das Einfamilienhaus zu der Frau, die nun mit weit geöffneten Augen in ihren Polstern lag, war die Kunde davon gedrungen.

Heftig atmete die Frau; jeder Glockenschlag traf sie dröhnend ins Herz. Zwar hatte sie gelesen, daß dieses Glockengeläut ausnahmslos *alle* Menschen zur Gewissenserforschung aufrufen, auch über eltern- und kinderfeindliche Lebensbedingungen laute Klage führen solle – nur half es ihr nichts. Der Gedanke, daß an diesem Tag nicht nur der Kinder von Bethlehem, sondern auch aller anderen (in der neuesten Zeit vom Wohlstandsdenken getöteten) Kinder gedacht wurde, ließ ihr keine Ruhe mehr. Auch ihres eigenen Kindes wurde ja gedacht.

Damals waren sie hochverschuldet gewesen, sie und ihr Mann. Der Erwerb des kaum erschwinglichen Grundstücks in einem vornehmen Villenviertel, dann der Hausbau (die sündteure Schöpfung eines modernen Architekten), hatte ihnen einen Schulden- und Zinsenberg aufgeladen, der sie zu erdrücken drohte. Nur mit äußerster gemeinsamer Kraft konnte er abgetragen werden. Viele Jahre, vielleicht Jahrzehnte waren sie zum Doppelverdienertum gezwungen. Mit einem einfachen Gehalt wären sie unweigerlich in tiefe Not geraten.

Da meldete sich, viel zu früh, ein Kind. Es wuchs und wuchs unter dem Herzen der Frau und raubte ihr den Schlaf, nicht nur, weil sie das zweite Herz schon glaubte pulsen hören, sondern vor allem wegen der peinigenden Zukunftssorgen. Das natürliche Gefühl einer Mutter, die ihr erstes Kind erwartet, jenes ganz und gar selbstverständliche Inschutznehmen des Ungeschützten, das liebevolle Bergen des jungen Lebens, wurde auf einmal durchkreuzt und bedroht von der Möglichkeit, die »Schwangerschaft zu unterbrechen«, wie es damals verharmlosend hieß. Nun war erstmals von Schöpfungsanbeginn der geschützteste Ort nicht mehr geschützt, das der Hilfe bedürftigste Leben aller Hilfe bar. Die Mutter selbst hätte nichts über dieses warme Gefühl vermocht, wenn es nicht so drohende wirtschaftliche Zwänge und – wenn es nicht einen drängenden Gatten gegeben hätte. Der Mann war Realist. Er nutzte die Möglichkeiten der Medizin und das Entgegenkommen des Gesetzgebers. Wie sollte ein winziges wehrloses Kind gegen solche Gewalten aufkommen? Die Frau wimmerte in ihr Kissen hinein, wenn sie an das kleine wackere Leben dachte, das damals ausgelöscht wurde.

Sogar an einer Rechtfertigung hatte es der Gesellschaft damals nicht gemangelt. Gegen die Bevölkerungsexplosion in der sogenannten »Dritten Welt« sei als Ausgleich eine »Beschränkung« des zivilisierten Westens nötig, so konnte man damals immer wieder hören. Wer sich unterstand, noch Kinder in die Welt zu setzen, wurde geradezu als »Umweltverschmutzer« verächtlich gemacht. Und niemand wollte wahrhaben, daß diese Moral nur ein fadenscheiniges Mäntelchen über der Kinderfeindlichkeit aus Bequemlichkeit und Ichsucht sei. Frauen wurden, als gehe es um ihr heiligstes Gut, zur Selbstbestimmung über ihren »Bauch« und gegen die verruchte Männerwelt aufgerufen. Es gab ja neuerdings unzählige Mittel, um ein freies Geschlechtsleben ohne Zwang zur »Fortpflanzung« (allein dieses Wort aus Zeiten mittelalterlicher »Fremdbestimmung«!) entfalten zu können. Und es gab, nicht zuletzt als Absicherung der Verhütungsversager, die gesetzlich geregelte »Schwangerschaftsunterbrechung«. Häufig, weil echte Not vorlag, etwa Lebensgefahr für die Mutter, in der Mehrzahl der Fälle – auch im geschilderten Fall – weil ein Kind finanziell nicht zumutbar war. So kam es, daß eine Gemeinschaft Gleichgesinnter mit Leben wie mit Wegwerfware verfuhr.

O, wie ihr dieses Glockengeläut – von solchen, die nicht betroffen waren wie sie, als »Gebimmel« verlästert – in die Ohren klang, in die Ohren *schnitt!* Es befreite sie dieser dröhnende und gellende, dieser harte und hallende Klang ja nur zum Bewußtsein, daß es die Tötung im Mutterleib war, die ihr seit Jahr und Tag Herzensfrieden und Gesundheit raubte. Wie hatte sie sich immer wieder zu beruhigen gesucht, das, was damals geschehen war, sei im Grunde nicht so schlimm gewesen. Ein bißchen Schleim, ein bißchen Haut, allenfalls »werdendes« Leben, ein winziges Klümplein Abfall, nicht der Rede wert! Bis eines Tages im Fernsehen ein Film lief, der das Problem der Abtreibung aus aktueller medizinischer Sicht behandelte. Die Frau erwartete sich Beruhigung und Bestätigung, stattdessen zeigte der Film – er hieß »Der stumme Schrei« – einen Menschen im Leib der Mutter, einen richtigen Menschen mit allem, was zu einem richtigen Menschen gehört. Mit Nase und Ohren und einem lächelnden Mund, mit Füßen und Händen und Fingern, ein Kind, ein liebliches Kind. Plötzlich näherte sich ein Mordinstrument seinem eben noch unbefangen-fröhlichen Gesicht. Wie sich das Kind nun wand und abwendete, um dem scharfen Messer zu entrinnen! Wie es jäh getroffen wurde, und welchen Schrei es ausstieß, nicht hörbar zwar, aber durch die weit aufgerissenen Lippen als entsetzlicher Schrei überdeutlich zu erkennen! Dieser Schrei schnitt ihr nicht anders ins Gewissen, als wenn er zu hören gewesen wäre! Er drückte unnennbaren Schmerz aus! Ihre Gewissensqualen wurden von diesem Tag an unerträglich.

Sie wand sich – wie einst ihr Kind –, während unermüdlich die fürchterlichen Glocken klangen, und weinte über diese ganz und gar unmütterliche Bosheit, über dieses schreckliche Verbrechen an ihrem Kind. Von Kindern hatte sie einmal – sie wußte nicht mehr wo – gelesen: »Wer solch ein Kind aufnimmt in meinem Namen, der nimmt mich auf, wer aber Ärgernis gibt dieser Geringsten einem . . . «

Sie fühlte sich schuldig, bat ihr Kind um Verzeihung, stellte sich ihr Kind vor, wie es jetzt wohl aussähe, mit strahlenden, dankbaren Augen zur Mutter aufblickend, selig über seine paar Weihnachts-Spielsachen, braunlockig oder blauäugig? Die Mutter schrie auf und vermochte das Bild nicht aus ihrer Vorstellung zu verbannen. Vergeblich versuchte sie den Anblick ihres glücklichen Kindes zu verdrängen.

Aber sie machte jetzt, als ihr das Leben kaum noch lebbar erschien, eine eigenartige Entdeckung: Während sich allenthalben, wohin sie in der Großstadt blickte, der Glaube – wie es Christus für das Ende der Zeiten vorhergesagt hat – verflüchtigte, während alles Kirchliche, wenn es überhaupt noch Raum hatte, immer bequemer, immer angepaßter, immer zeitsparender vonstatten ging, während jedes Gebetsleben verblaßte und erlosch, während der Kirchenbesuch vernachlässigt und schließlich eingestellt wurde, machte sich bei ihr die umgekehrte Entwicklung geltend. Auch sie hatte ihren eigenen Glaubensschwund erfahren – bis jetzt, bis zur Stunde. An diesem 28. Dezember, an diesem Gedenktag der unschuldigen Kinder, als unaufhörlich die Glocken läuteten aus nah und fern, durch die inzwischen geschlossene Balkontür zwar mit gedämpftem Klang, aber noch drängender, noch dringender, kam es ihr jäh zu Bewußtsein, daß ihre Tat immer noch nicht gebeichtet sei. Irgendwo war ihr einmal eine Statue des heiligen Nepomuk aufgefallen mit an die geschlossene Lippen gelegtem Zeigefinger, zum Zeichen des unverbrüchlichen Schweigens, des niemals und unter keinen Umständen gebrochenen Beichtgeheimnisses. Und

nun sah sie ihn wieder, sah den Heiligen, der um dieses Geheimnisses willen den Tod auf sich genommen hatte, sah ihn als Gleichnis der ganzen Kirche mit Chorrock, Stola und Birett. Und sie erinnerte sich, daß Gott allen, die schuldig geworden sind, Vergebung und Versöhnung gewährt. So beschloß die Frau, ihre Seelenlast einem Priester anzuvertrauen, einen neuen Anfang zu machen.

Sie wußte noch nicht, wie es in ihrem Leben weitergehen sollte. Was ihrer Trauer freilich kein Ende machte, war das Wissen, daß ihre Entscheidung nur für sie allein galt, nicht für das allgemeine, immer noch fließende Blutbad. »Wenn wir es nicht zum Stillstand bringen«, der Gram darüber wollte nicht nachlassen, »werden die Barbaren kommen, unsere Tabernakel zu zerschlagen. Denn Jesus will dort nicht wohnen, wenn wir uns weigern, ihn in den Geringsten der Seinen aufzunehmen.«

# Vom Sternsingen, auch Dreikönigssingen genannt

Wir haben hier ein sehr altes Brauchtum vor uns. Es hat im Lauf der Jahrhunderte vielfältige Erscheinungsformen angenommen. Erste schriftliche Nachweise besitzen wir schon aus dem vierzehnten Jahrhundert, so etwa in den Rechnungsbänden auf die Jahre 1389 bis 1393 der Hofhaltung des Herzogs von Straubing-Holland. In fast regelmäßigen Abständen wurde immer einmal wieder gegen angebliche Mißstände im Zusammenhang mit diesem Brauchtum vorgegangen, aber seine Kraft und Dichte ließ sich durch papierene Verbote nicht einschränken. Wir besitzen Hinweise und Nachrichten aus allen bairischen Landen, aus Oberbayern, aus Niederbayern, aus der Oberpfalz, aus Tirol, aus der Steiermark, aus Niederösterreich, aus Kärnten, aus Oberösterreich und aus Salzburg.

Ein anschauliches und schönes Beispiel aus Otterfing in Oberbayern teilt uns August Hartmann mit. Sein Beitrag »Weihnachtslied und -spiel in Oberbayern« ist zu finden in: Oberbayerisches Archiv für vaterländische Geschichte, Band 34, München 1874/75.

»Hier war das Sternsingen (am Neujahrs- und Dreikönigabend) in einer besonders würdigen Art gebräuchlich. Es giengen früher lauter verheiratete Männer; der Erlös an Geldgeschenken, mitunter mehr als 80 fl., wurde für die Pfarrkirche verwendet, zu Ausbesserungen, Anschaffung von Geräthen u. dgl. Jedesmal waren 12 Sänger, in zwei ›Parteien‹ zu 6 Mann, wovon die eine im Dorf, die andere auswärts ›gieng‹. Um 4 Uhr Nachmittags begann der Umzug und dauerte oft bis 3 Uhr Morgens. Die Leute in den Häusern wachten bis zur Ankunft oder standen eigens auf. Man bewirthete die Sänger mit Essen, Bier oder Schnaps; sonst hatten sie keinen Gewinn. Jede Partei trug an einer Stange einen künstlich gearbeiteten, drehbaren, von innen erleuchteten Stern, in dessen Mitte man unter Glas das Christkindlein sah. Die Kleidung der Sänger bestand in der sonntäglichen Kirchentracht, wozu namentlich lange Mäntel gehörten. Die Sterne waren das Jahr über in der Kirche aufgestellt. Noch jetzt sind sie dort verwahrt; der Gebrauch selbst wurde neuerdings verboten.«

Gewöhnlich trugen die Sternsinger Goldpapierkronen, denn obwohl die sogenannten Heiligen Drei Könige eigentlich Weise oder Magier waren, wurden sie vom Volk wegen ihrer prunkvoll-ungewöhnlichen Aufmachung für Monarchen gehalten. Einer von ihnen hatte einen Turban um das mit Stiefelwichse gebräunte Gesicht gewunden und war so als Mohrenkönig zu erkennen. Das von den dreien verwendete Liedgut ist regional unterschiedlich und höchst vielgestaltig.

Leider begann dieses alte und farbige, auch liturgisch wohlbegründete Brauchtum in den Jahrzehnten nach dem Zweiten Weltkrieg unübersehbare Verfallserscheinungen der Wohlstandsgesellschaft zu zeigen. In seiner letzten Ausprägung äußerte es sich nur noch in gelegentlichen »Dreikönigs-Umzügen« von Kindern, meist Ministranten, die in der Regel nicht für einen guten Zweck, sondern zur Aufbesserung ihres Taschengeldes zum Sammeln gingen. In den frühen siebziger Jahren griffen deshalb die Bistümer dieses zweifellos wertvolle Brauchtum auf, um es mit neuem Leben zu erfüllen. Die Sternsinger sollten von jetzt an auf das grenzenlose Elend der Kinder und Jugendlichen in der »Dritten Welt« hinweisen und ihre Sammlung in den Dienst an den Ärmsten der Armen stellen. An Epiphania (Erscheinung des Heilands unter den Menschen, von alters her – und in der Ostkirche bewußt gefeierter – weihnachtlicher Höhepunkt) zogen Zehntausende von Kindern durch die Gassen der Städte oder von Dorf zu Dorf und brachten ein Millionen-Ergebnis für die notleidenden Kinder in Afrika und Lateinamerika zusammen. In allen Details wurde auf die Farben und Formen des Dreikönigsbrauchtums zurückgegriffen. Die alten Gewänder wurden angelegt, Kronen wurden getragen, ein Turban wurde geschlungen, ein Stern wurde an hoher Stange vorausgeführt, und vor allem – es wurden, was dankbar begrüßt sei, die alten Lieder gesungen. Als Gegengabe für die Spende überreichten die Sternsinger Harzkörner zum Räuchern des Hauses – das von alters her betenderweis von Stube zu Stube geübt wurde – und geweihte Kreide, nicht ohne zuvor damit an die Haus- oder Stubentür ihre Namensbuchstaben geschrieben zu haben.: Caspar, Melchior und Balthasar, eingefaßt von den zwei ersten und letzten Zahlen des Jahres, mit hinzugefügten drei Kreuzen, was dann so zu lesen war:

$$\dagger$$
$$19 \text{ C} \dagger \text{M} \dagger \text{B } 90$$

In diesen nun wirklich uralten Zeichen haben wir uns den verchristlichten Drudenfuß vorzustellen. Was ehedem Abwehr der Dämonen war, bedeutet nun den Bann des Bösen schlechthin, das Lammesblut am Türpfosten als Abwehr des Würgengels. Um die christliche Bedeutung zu betonen, hat man den drei Königszeichen die Worte unterlegt: *Christus mansionem benedicat* – Christus segne die Wohnstatt.

# Das Langenpreisinger Dreikönigslied

In Gottes Namen, was fangen wir an?
Ein ehrliches Hausvolk, das singen wir an.
Wir ziehen herein gar schnell und in Eil
In dreizehn Tagen wohl fünfhundert Meil,
Fünfhundert Meil ist eine weite Roas!
Wir ziehen sogleich vor Herodes sein Haus,
Herodes, der geht gegen uns da heraus:
»Was macht's denn ös dader in meinigem Land,
Unter enk drei ist wohl keiner bekannt?«
»Es ist jetzt ein neuer König gebor'n,
Drum san mir aus fremde Länder herzog'n.«
»Ziagts hinum, ziagts herum, kommt's wieder daher,
Ich bin auf die Botschaft neugierig gar sehr.«

Die heilinga drei Küni san trauri wor'n,
Sie hamat den heiligen Steren verlor'n.
Der Steren steht auf oamoi über an Stall,
Drin sehgn sie das Kind mit Maria und ihrem Gemahl.
Sie opfern dem Kindlein so lieblich und hold
Weihrauch und Myrrhen und rotiges Gold.
Das Kindlein ist dieses Opfer wohl wert,
Es hat ja erschaffen uns Himmel und Erd.
Wir wünschen enk allen a glückselig's neu's Jahr,
Dös g'seg'n enk 's Christkindl auf unsern Altar.

# Dreikönig
## im winterlichen Bauernland

Vom Dorf Heimstetten (bei den Bauern sagte man »Hoasch-
ting«) führte einst eine geschlängelte Birkenallee zum Dorf
Kirchheim (»Kiram«). Ein Zwiebelturm ragte aus den Feldern,
wie ihn der alte Kobell nicht freundlicher gemalt haben könnte.
Auf halbem Weg leuchtete hinter Fliederbüschen und Erlen eine
holzgeschnitzte, azurblau gefaßte Muttergottesfigur vom
Kreuzstamm des Erlösers. Dorthin machten wir häufige Spa-
ziergänge mit unserem ersten Kind Veronika. Immer wieder
steckten wir der »Himmelmutter« Wiesenblumensträuße zu.
»Himmelmutter« – nahezu täglich sprachen wir dieses bäuer-
lich-kirchenfromme Wort aus. Geliebte Birkenallee, die mich
auf – herzlich gern ins Gedächtnis zurückgerufenen – Wanderun-
gen beglückte!
Härter war die gegen den Wind gestemmte Gangart jener vier
Bauernbuben, die ich im Schneegestöber als Caspar, Melchior
und Balthasar, hinter dem Sternträger drein, in wachelnden weißen Gewändern auf Kirchheim zustreben sah. Bunte Turbane
und Goldpapierkronen drückten sie sich verzweifelt an den
Kopf, drängten vorwärts, um von Bauerndorf zu Bauerndorf
mit rauhkehlig gesungenen Liedern die Geburt unseres Herrn
und Heilands zu verkünden. Sinnend sah ich, wie die vier Buben
in wahre Wolken von Schnee eintauchten.
Später wurde hier ein »Schulzentrum« »hochgezogen«, aus
Beton und Glas, und ein sündteures neues »Ortszentrum«
»geschaffen«. Betonblock schoß neben Betonblock aus dem
Boden. Als zöge der Himmel die Folgerung, fegte ein heftiger
Sturmwind unsere offenbar schon morsche Himmelmutter hin-
weg, noch rechtzeitig: der Hain, wo sie vom Schatten schaukeln-
der Baumblätter gekost worden war, mußte einem Autopark-
platz weichen. Süddeutsche Zeitungen, die mehr im Norden als
im Süden vertrieben wurden, inserierten seitenlang die »herrlich-
sten« Grundstücke, Baugesellschaften mit Stammsitz an Elbe

und Weser ließen sich an Ort und Stelle nieder, bauten Musterhäuser und allmählich das ganze Bauernland zu. Aus dem Durcheinander wurde Planung: Landwirte, die ihren Grund nicht verkauften, hatten zu befürchten, mit niedrig bemessenen Zwangspreisen vorliebnehmen zu müssen.

Die Weite des Bauernlandes ist nun städtischer Enge aus Trottoirs und Gullis, Neonpeitschen und Verkehrsampeln, Autounterführungen und Häuserfronten gewichen.

Kurz dahinter durchschneidet ein himmelhohes stählernes Ungetüm hinter dem anderen, eine wahre Eiffelturm-Parade, das Bauernland – dazwischen ein Gehänge aus Stromkabeln und keine Landschaft mehr. Man möchte den Blindwütigen zuschreien: Bloß Gottes Haus darf in den Himmel ragen!

Und etwas fand ich kürzlich in einem Leserbrief; dem Mann möchte ich die Hand schütteln: »Nicht nur der marxistische Materialismus des Ostens zerbricht, es geht mit seinem Wohlstands-Materialismus auch der schein-christliche Westen dem Untergang entgegen. Auto, Fernseher, Flugticket und Bankkonto als Wohlstands-Sinnbilder sind ebenso irreführend wie Hammer und Sichel.«

Warum ich davon erzähle? Weil es mich traurig stimmt, daß wir in zwanzig Jahren damit fertig werden, was zweitausend Jahre nicht vermochten: Bauernland und Ebene, Hügelgrün und Landschaft, Wälder und Felder zu »verbrauchen«. Seit ich drei Buben als Caspar, Melchior und Balthasar, einen Sternträger an der Spitze, durchs Schneegestöber mit wachelnden Gewändern auf Kirchheim zustreben sah, kann ich mir Dreikönig nur noch im winterlichen Bauernland vorstellen: Weil wir Kirchen brauchen und Wirtstafernen, Bauerngehöfte, die uns ernähren, und vielleicht auch Schlösser. Aber dazwischen Land! Vor allem Land! Weil wir Fußwege brauchen, weite Fußwege zwischen Bethlehem und Nazareth, Jerusalem und Kapharnaum! Weil wir Sonne brauchen – und Schnee!

# Der Lobgesang Simeons

Die Kirche feiert am 2. Februar die Darstellung Jesu im Tempel und die Reinigung Mariens. Damit schließt die Weihnachtszeit.

Wie es das mosaische Gesetz befahl, kamen Israels Mütter vierzig Tage nach der Geburt ihres Knäbleins zum ersten Mal wieder in den Tempel, um Gott zu danken und ein Opfer zu entrichten. (Von dieser vierzigtägigen Dauer der vorgeschriebenen Reinigung leitet sich seit Vorväterzeiten unser Begriff »Quarantäne« her.). Als die vierzig Tage voll waren, brachte man Jesus nach Jerusalem hinauf, um ihn dem Herrn darzustellen. Denn so steht es geschrieben im Gesetz des Herrn: »Alle männliche Erstgeburt, die den Mutterschoß öffnet, soll heilig dem Herrn genannt werden« (Exodus 13, 2, Leviticus 12, 8). Jede Familie soll gleichsam ihren Priestersohn haben. Auch wollten Joseph und Maria das Opfer darbringen, gemäß dem Ausspruch im Gesetz des Herrn: »Ein Paar Turteltauben oder zwei junge Tauben«.
Die jungfräuliche Gottesmutter und ihr Kind haben sich in dieser feierlichen Morgenstunde im Tempel dem himmlischen Vater »dargestellt« – und haben ihr ganzes Leben hindurch nichts davon zurückgenommen, auch nicht, als diese »Darstellung« zur blutigen Hingabe auf Kalvaria wurde.
»Und siehe«, heißt es bei Lukas im zweiten Kapitel, »da war ein Mann zu Jerusalem, mit Namen Simeon, er war gerecht und gottesfürchtig« und voll der alttestamentlichen Adventserwartung. Ihm war vom Heiligen Geist offenbart worden, er werde den Tod nicht schauen, bevor er nicht den Gesalbten des Herrn – den Messias – gesehen habe. So kam er auf Antrieb des Geistes in den Tempel. Als nun die Eltern das Kind hereinbrachten, um nach dem Brauch des Gesetzes an ihm zu handeln, da nahm er es auf seine Arme, pries Gott und sprach:

Nun entlässest du, Herr, deinen Knecht
nach deinem Wort in Frieden.
Denn meine Augen haben dein Heil geschaut,
das du bereitet hast vor aller Völker Angesicht.
Ein Licht zur Erleuchtung der Heiden
und zur Verherrlichung deines Volkes Israel.

Dies ist das letzte Loblied des Alten Bundes, ein Abschiedsgesang.

Für Simeon, der sich als »Knecht« oder »Diener« des Herrn bezeichnet – nach der Überlieferung soll er Priester im Tempel gewesen sein –, ist es das fried- und freudvolle Abendgebet seines langen Erdenlebens. Für die Kirche ist es das tägliche Nachtgebet in ihrem Brevier: Nunc dimittis. Das Wort vom »Licht« zur Erleuchtung der Heiden hat dem Fest im Volksmund den Namen »Mariä Lichtmeß« gegeben. Zum kirchlichen Gebrauch wie zum Gebrauch der Gläubigen weiht der Priester an diesem Tag die Kerzen. Die Kerze ist ein Sinnbild Christi, der sich selbst verzehrt wie eine Opferkerze am Altar. Während der Austeilung der geweihten Kerzen singen Priester und Gläubige den Lobgesang Simeons. O selige Zeit!

Das Volk wunderte sich über Simeons Worte. Da segnete der Greis Joseph und Maria. Dann sprach er zu Maria, der Mutter Jesu: »Siehe, dieser ist gesetzt zum Fall und zur Auferstehung vieler in Israel und zum Zeichen, dem widersprochen wird. Aber auch deine eigene Seele wird von einem Schwert durchdrungen, damit aus vielen Herzen heraus die Gedanken offenbar werden.«

Bedeutungsschwere Worte. »Dieser ist gesetzt«, also bestimmt nach Gottes Ratschluß, daß die Menschen sich an ihm scheiden und entscheiden zu Abfall und Fall in den ewigen Sündentod – oder zur Auferstehung in einem neuen Leben. Jesu Erscheinung in der Krippe und in den Armen Mariens mündet in seine Erscheinung am Kreuz, ist am Ende ein Zeichen am Himmel zur Scheidung der Geister.

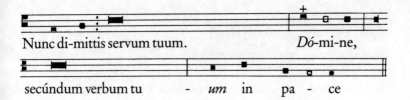

Nunc di-mittis servum tuum.                    Dó-mi-ne,

secúndum verbum tu        -      *um*   in        pa   -   ce

Quia vidérunt óculi me-i salu-tá-re   *tu*-um,
Quod pa-rá-stiante fáciem óm-nium *po*-pu-ló-rum.


Lumen ad revelati-ó-nem *gén*-ti-um:
et glóriam plebis *tu*-ae Is-ra-el.


Glória Pa-tri et *Fí*-li-o,
et Spirí-*tu*-i Sancto.


Sicut erat in princípio, et nunc et *sem*-per,
et in saécula saecu-*ló*-rum. A-men.

# Quellen und Schrifttum

(soweit nicht im Text selbst vermerkt)

*Scheingraber, Wernher: ABC der Alpenländer,* Rosenheim 1975.

*Scheingraber, Wernher: ABC alpenländischer Volkskultur,* Dachau 1988.

*Gugitz, Gustav: Fest- und Brauchtumskalender,* Wien 1955.

*Roth, Hans: Die Laufener Sternsinger in der Vergangenheit,* in: Das Salzfaß, Tittmoning 1972, Heft 2/3.

*Moser, Dietz-Rüdiger: Liedimmanenz und Brauchtumsgeschichte.* Beiträge zur Frühgeschichte des Sternsingens. Die Legende von den hl. drei Königen im brauchtümlichen Liedgut des 16. Jahrhunderts, in: Forschungen und Berichte zur Volkskunde in Baden-Württemberg, 1971–1973, Stuttgart 1973.

*Schmidt, Leopold: Vom Sternsingen in den Wiener Vorstädten,* in: Das Josefstädter Heimatmuseum 40, Wien 1964.

*Markmiller, Fritz: Der Tag ist so freudenreich.* Advent und Weihnachten, Regensburg 1981.

*Bekh, Wolfgang Johannes: Reserl mit'n Beserl.* Altbayerische Volksreime, Pfaffenhofen 1977.

*Peinkofer, Max: Der Brunnkorb,* Werke Band I, Passau 1977.

*Pailler, Wilhelm* (Chorherr von Sankt Florian): *Weihnachtslieder und Krippenspiele aus Oberösterreich,* Innsbruck 1881

*Bayerische Staatsbibliothek, München:* Musiksammlung WEY 518.

*Salzburger Museum Carolino Augusteum:* Nr. 4055/2.

*Aus da Hoamat, 18. Band des Sammelwerks, Jugend-Liederbuch.* Selbstverlag des Stelzhamerbundes, Linz 1912/13.

*Mang, Hermann: Die Weihnachtsmette in der Zeit des Josefinismus,* in: Der Schlern 8, Bozen 1927, 2. Heft.

*Brittinger, Anita: Die bayerische Verwaltung und das volksfromme Brauchtum im Zeitalter der Aufklärung,* München 1938.

*Schmid, Christoph von: Erinnerungen aus meinem Leben,* Neuausgabe, Freiburg 1953.

*Christoph von Schmid und seine Zeit,* herausgegeben von Hans Pörnbacher, Weißenhorn 1968.

*Die schwäbische Krippe,* Texte und Aufnahmen von Erich Lidel, Weißenhorn 1978.

*Christoph von Schmid: Weihnachten,* gesammelt und herausgegeben von Hans Pörnbacher, Weißenhorn 1987.